D „Was mach ich mit mir, wenn die Welt nicht so ist, wie ich sie gerne hätte?“ (Ruth Cohn) Perspektiven eines Christentums in der Transformation

E Zu guter Letzt

Vorwort: religiöse Indifferenzen als Hintergrund einer fundamentalen Transformation

Seit Jahren belegen empirische Studien in beeindruckender Einigkeit, wie eine Gleichgültigkeit in religiösen Fragen bei immer mehr Menschen zum bleibenden Normalfall wird. Für Deutschland zeigte zuletzt die Sechste Kirchenmitgliedschaftsuntersuchung (KMU VI) von 2023, dass, in jeweils unterschiedlicher Ausformung, zum Segment der „Säkularen" mittlerweile 56 % der Deutschen gehören.[1] Sie wissen mit Religiosität, gleich welcher Art, nichts mehr anzufangen und ihr Durchschnittsalter ist niedrig. Unter den kirchlich Distanzierten, also noch in der Kirche Verbliebenen, bilden sie zudem die mit 9 % die größte Gruppe, wodurch die Gesamtzahl der „Säkularen" mit 65 % der Deutschen die deutliche Bevölkerungsmehrheit ausmacht. Nur 13 % lassen sich im Gegensatz dazu als „kirchlich-religiös" bezeichnen. Letztere Gruppe, innerhalb derer der Glaube an einen personalen Gott noch am häufigsten anzutreffen ist, bildet überdies die durchschnittlich älteste Kohorte. Ebenso sind religiöse Vorstellungen oder auf Sinn oder Spiritualität hin angelegte Suchbewegungen in allen Generationen immer weniger feststellbar. Eine individualisierte, also außerkirchliche bzw. -institutionelle Religiosität ist nur noch bei 6 % der Deutschen nachzuweisen.

Mit Blick gerade in die deutsche Geschichte der letzten 30 Jahre hat daher entgegen allen Hoffnungen und Prognosen nicht Westdeutschland den Osten re-christianisiert, sondern die Religionslosigkeit ist mittlerweile zu einem in ganz Deutschland dominanten Phänomen geworden.[2] Ein Großteil der Bevölkerung wäre damit, frei nach Max Weber, „religiös unmusikalisch", was in zunehmendem Maße offenbar nicht nur Deutschland bzw. Europa zu betreffen scheint.[3]

Ursprünglich sollte aus diesem Band eine kurze, gerade auch für Engagierte in der Praxis leicht handhabbare Zusammenfassung meiner pastoraltheologischen Habilitationsforschungen entstehen.[4] Der Wechsel in die Niederlande und das Erleben von zwei sehr unterschiedlichen Kulturen und Ortskirchen, die buchstäblich nebeneinander existieren, haben das Projekt angeschärft. Man lernt in den Niederlanden einen guten, um nicht zu sagen pragmatischen Realismus. Viele pastorale Visionen bzw. Illusionen sind schon länger ausgeschöpft, was als Befreiung eigener Art erfahren werden kann. Nicht, was die Kirche anders machen sollte oder könnte, steht hier allein im Fokus, sondern auch die Frage, ob es überhaupt noch Religion braucht.

Dazu kamen Fortbildungen mit kirchlichen Haupt- und Ehrenamtlichen, bei denen mir deutlich wurde, dass alle offenbar an derselben Schnittstelle arbeiten, in verschiedenen Ländern oder Regionen womöglich in anderen Zeitzonen bzw. mit unterschiedlichen Problemvorsprüngen. Solche Erfahrungen sowie weitere Forschungen seit der Habilitation sind ebenfalls in die folgenden Überlegungen eingeflossen.

Jene verbindende Schnittstelle ist, so lässt sich unter anderem bei Tomáš Halík lernen, eine fundamentale *Transformation*.[5] Das Christentum steht vor epochalen Herausforderungen, es häutet sich aus der Form heraus, die es für lange Zeit gefunden hatte. Religion wird sicherlich nicht verschwinden. Doch welche wird die neue Form, die neue Rolle des Christentums sein? Woran kann sie Maß nehmen? Welche Bedeutung haben Kirchen- und Glaubensthemen jeweils innerhalb dieser Prozesse?

Eine Erfahrung von Fortbildungen und Tagungen gerade im deutschen Sprachraum ließ mich nachdenklich werden. Bei vielen Analysen zur gegenwärtigen Lage des Christentums herrschte eine hohe Identifikation von allen Seiten. Viele merken und äußern, dass es eine kulturelle Tiefenströmung zu gehen scheint, die wir noch nicht ganz verstehen und der wir uns vielleicht deshalb so häufig ohnmächtig gegenübersehen: die Säkularisierung als Trend einer lebensweltlichen Gleichgültigkeit gegenüber transzendenzbasierten Deutungsbezügen. Dieser Prozess scheint einen großen, wenn nicht sogar den größten Anteil an den derzeitigen Transformationsphänomenen zu haben. An dieser Stelle setzt der Band an. Er möchte jene Entwicklungen, in denen wir uns als Christ:innen heute alle auf verschiedene Weise gemeinsam befinden, anschaulicher machen.

Dabei ist auffällig, dass in den Niederlanden allein das Wort Säkularisierung viel leichter über die Lippen kommt, als dies im deutschen Sprachgebiet der Fall zu sein scheint. Gründe dafür könnten in verschiedenen Deutungsperspektiven liegen. Mittlerweile ist die Entwicklung jedoch so tiefgreifend und nicht mehr zu leugnen, dass man sich kirchlich hiermit profilierter auseinandersetzen sollte: keineswegs als Dekadenzphänomen, sondern als „Zeichen der Zeit“. Die Pandemie hat inmitten dieser Prozesse vielen als Augenöffnerin gedient. Nicht nur, dass es bis heute schwer ist, in der Pastoral zahlenmäßig auf das Niveau vor Corona zurückzukommen. Vor allem der weitgehende Ausfall religiöser Deutungen und Hilfestellungen während der Pandemie gibt zu denken.[6]

Inmitten all dieser bereits seit Jahrzehnten andauernden Prozesse[7] geschah etwas, das vorher so von vielen nicht für möglich gehalten worden war. Gerade die katholische Kirche, die bezüglich ihrer Reformthemen ein eigenes „Hase und Igel-Wettrennen“ zu spielen scheint, muss eingestehen, dass auf der ganzen Linie ihre Kernbotschaft vom Heil der Welt und vom Glück der Menschen durch diejenigen pervertiert worden ist, die sie verkünden und für sie einstehen sollten. Nicht nur

Einzelne, nein ein ganzes System hat den Selbsterhalt über das zumeist junge Leben von Betroffenen gestellt. Kann man, so fragen immer mehr Menschen berechtigt, inmitten dieser Kernschmelze, überhaupt noch (in der) Kirche sein?

Säkularisierungsprozesse waren und sind dabei Voraussetzung sowie Folge von bewusst gesetzten oder unbewusst vollzogenen Befreiungsschüben. Sie machen es bis heute möglich, dass Menschen frei von kirchlichen Konventionen, frei von Angst vor Sanktionen (zumindest außerhalb der Kirche) ihre Meinung äußern und Wahrheiten ans Licht bringen können. Insbesondere Zusammenhänge sexueller Gewalt oder des Missbrauchs von (geistlich begründeter) Macht. Auch vor diesem Hintergrund sind die Ausführungen dieses Bandes zu verstehen.

Sie setzen bei Erfahrungen aus der Praxis an und möchten diese mithilfe wissenschaftlicher Erkenntnisse deuten. Die Zielgruppe sind insbesondere theologisch Interessierte und praktisch Engagierte bzw. Menschen, die das kirchliche Leben im Ehren- und Hauptamt prägen. Daher soll der Band eher einen Informations- bzw. Essaycharakter haben. Belege sind so auf das Nötigste begrenzt, damit die Relation zwischen Text und Anmerkungen in einem leserfreundlichen Verhältnis bleibt.

Das Ziel dieses kleinen Büchleins ließe sich daher am besten mit dem beschreiben, was im Wissenschaftsjargon derzeit als „Third Mission“ bzw. Wissenschaftskommunikation populär ist: Wissenschaftliche Erkenntnisse für die Praxis aufzubereiten, damit sie dort hilfreich sein können. Umgekehrt gilt auch: Praxiserkenntnisse werden als spezifisches, für die Wissenschaft relevantes Wissen gewürdigt, das diese nicht aus sich selbst hat. Insgesamt verstehen sich damit insbesondere die Anregungen der letzten beiden Teile als eine Gesprächseröffnung. Denn niemand weiß, welcher der beste Weg in die Zukunft ist. Er wird nur im Austausch miteinander und im gemeinsamen Deuten der „Zeichen der Zeit" zu finden sein.

Wenn die Lektüre daher anregt, die eigene pastorale Praxis neu zu bedenken oder zu diskutieren, wenn der Band vielleicht auch an der ein oder anderen Stelle Entlastung auf unterschiedlichen Ebenen schafft, wäre dieses Ziel erreicht.

Utrecht, 19.11.2023 Jan Loffeld

„Der lügt den Papst an?!" – kurze biografische Wegmarken

Es war im Frühjahr 1995 auf dem Petersplatz in Rom. Wir waren mit einer Busladung voller Seminaristen aus dem Münsteraner Priesterseminar nach Rom gepilgert. Während der öffentlichen Papstaudienz hatten wir dank der Vermittlung des Bischofs Karten für die „prima fila", wie man es im Vatikan nennt. Ganz nah dran, in der ersten Reihe. Am Ende der Audienz durften wir uns sogar auf den Stufen des Petersdomes aufstellen, und der bereits gebrechliche Johannes Paul II. stellte sich zu uns für ein Gruppenbild. Währenddessen fragte er den damaligen Leiter des Seminars: „Wie viele Seminaristen sind Sie?" Woraufhin dieser, scheinbar ohne groß nachzudenken, mit „150, Heiliger Vater" antwortete. Diejenigen von uns, die den kleinen Dialog mitbekamen, waren irritiert: „Der lügt den Papst an", raunten wir uns zu. Denn damals waren in der Ausbildung vor der Priesterweihe sicherlich noch über 80 Seminaristen unterwegs, aber auch nicht mehr. Der Regens rechtfertigte sich später und sagte, dass er auch noch die ersten vier Kaplansjahrgänge dazugerechnet habe, die seinerzeit tatsächlich noch sehr stark waren und offiziell vor Abschluss des Pfarrexamens (zweite Dienstprüfung) noch zum Priesterseminar gehörten. Ob allerdings der Papst das wissen wollte? Weltkirchlich sind Seminaristen diejenigen, die sich auf die Priesterweihe vorbereiten. Was heutzutage als Zahlenspiel aus vergangener Vorzeit wirkt, brachte eine bis heute verbreitete kirchliche Mentalität zum Ausdruck: Wenn es um kirchliche Kennziffern geht, tun wir uns mit der Realität oft schwer. Wir hängen Bedeutsamkeit an Zahlen, die nicht mehr stimmen.

Eine andere Erfahrung aus der Ausbildungszeit tritt hinzu. Auch wenn wir während der 1990er Jahre mit jenen 80 Seminaristen eine immer noch ansehnliche Seminargemeinschaft bildeten, schrumpfte diese jedoch von Semester zu Semester. Dies wurde allerdings nicht offen besprochen. Nur hinter vorgehaltener Hand ließ sich erfahren, dass dieser oder jener Mitstudent wohl nicht wiederkomme, „aufgehört" hatte. Gründe verblieben ebenso meist im offiziösen Sprech. Eines allerdings war auffällig: Während der ersten Messfeier des neuen Semesters in der Seminarkapelle ließ sich bemerken, dass die Bänke weiter auseinanderstanden als noch einige Monate zuvor, gerade wenn man sich hinkniete. In den Ferien waren offenbar Bänke entfernt worden, damit die durch die fehlenden Seminaristen sicherlich sichtbaren Lücken innerhalb der Gottesdienstgemeinde nicht ins Auge fielen. Es wurde weitergemacht wie bisher. Bei dieser Zahl an Seminaristen ließen sich fünf fehlende zumindest optisch noch gut verschmerzen.

Was an diesen kleinen Erfahrungen signifikant ist: Sie verweisen auf eine Mentalität, wie sie kirchlich bis heute prägend scheint. Man verdrängt den Verlust, so gut und solange es geht. Das erinnert an Trauerphasen, wie wir sie aus der Begleitung Sterbender kennen. Die Bedeutsamkeit als eine gefühlte und nicht reale wird, solange es irgend möglich ist und unter Aufwendung verschiedenster Rechentricks, Verdrängungstechniken oder dem „Einkauf" von Priestern aus anderen Ländern, aufrechterhalten. Das ist sicherlich psychologisch nachvollziehbar, es stellt sich allerdings die Frage, ob es menschlich, theologisch und geistlich verantwortlich ist.

Eine dritte und letzte Erfahrung aus der jüngeren Gegenwart soll diese erste Sondierung abschließen. Dieser Band entsteht in Utrecht. Die Stadt ist für die Geschichte des europäischen Christentums bedeutsam. Die willibrordianische Domschule war ein Hotspot der angelsächsischen Mission auf dem Kontinent. Noch heute trägt die Stadt die Spuren einer bedeutsamen religiösen Metropole. Die meisten Relikte sind allerdings Ruinen einer längst vergangenen Epoche, denn die Mehrzahl der Kirchengebäude sind keine religiösen Stätten mehr. Und doch lässt sich hier auf dem Gebiet der Innenstadt, also ungefähr eines Quadratkilometers, eine interessante Beobachtung machen. In Utrecht haben die Altkatholiken ihr Weltzentrum, die sogenannte Utrechter Union aus dem 16./17. Jahrhundert wurde hier gegründet und bis heute gilt der altkatholische Erzbischof von Utrecht als Ranghöchster unter den altkatholischen Bischöfen. Ebenso haben die protestantischen Kirchen ein Zentrum in der Stadt. Katholischerseits gibt es die Katharinenkathedrale und daneben die Petrusbrüder. Alle Kirchen liegen in Laufweite voneinander entfernt. Das Erstaunliche ist jedoch, dass sie alle mit demselben Problem des Mitgliederschwundes zu kämpfen haben. Eine Studentin brachte ihre Erfahrungen diesbezüglich einmal auf folgende Formel: „Leute setzen sich am Sonntag lieber auf eine Terrasse mit einem Glas Wein, als in eine Kirche zu gehen. Dabei ist egal, in welche.“ Diese Erfahrung prägt. Wie man das Evangelium auch performt, welche konkrete Gestalt man ihm auch gibt, welche kirchenpolitische Agenda man auch verfolgt, die Bilder ähneln sich überall. *Für die meisten und immer mehr Menschen ist Religion an sich unwichtig.* Vor diesem Hintergrund möchte dieses Buch die *lebensweltliche Notwendigkeit von Religion* an sich anfragen. Es möchte so die vielbesprochene Kirchenkrise von einem anderen Blickwinkel aus anschauen und sie kontextualisieren helfen, ohne zu beschwichtigen. Also gilt es, eine fundamentale Transformation zu analysieren, um sich schließlich darin neu zu verorten.

Nicht zuletzt: Hier schreibt jemand, der Christentum und Kirche als Kind der Pillenknickgeneration und im Zuge von bereits in den 1980ern und 1990ern stark einsetzenden Säkularisierungsschüben nie unter dem Vorzeichen von Fülle und Masse erlebt hat. Dies mag der Grund für die wissenschaftliche und zugleich geistliche Frage sein, ob eine Deckungsgleichheit von Kirche und Kultur überhaupt das Zielbild für das Christentum des 21. Jahrhunderts zu sein hat.

Gleichzeitig ist sicherlich nichts schöner, als den Glauben auch in großer Gemeinschaft miteinander zu teilen: sei es bei großen Gottesdiensten zu kirchlichen Großereignissen, „vor" Corona in vollen Kirchen zu den Hochfesten oder aber bei Pilgerfahrten zu großen Wallfahrtsorten. Von daher ist die Trauer und Frustration vieler nur zu verständlich, die mit viel Liebe das kirchliche Leben gestalten. Die Realität nötigt uns jedoch offensichtlich neue Bilder ab: diejenigen kleinerer Gruppen oder Netzwerke, welche allerdings die Wirksamkeit und Bedeutung des christlichen Glaubens für die Umwelt neu auf inklusive Weise sicht- und spürbar machen sollen.

Eine Navigation durch den Band

Der Aufbau dieses Buches ist absichtlich einfach gehalten. Die einzelnen Unterkapitel sind so geschrieben, dass man in sie auch hineinlesen kann, ohne dass der Gesamtkontext vorausgesetzt ist. Dies hat an der ein oder anderen Stelle zur Folge, dass Gedanken sich wiederholen, wird aber aufgrund der leichteren Handhabbarkeit sowie gedanklichen Konsistenz der einzelnen Unterpunkte in Kauf genommen.

Zunächst werden Bilder und Prozesse aufgerufen, die die gegenwärtige innerkirchliche Diskussion prägen und damit unter anderem für die gegenwärtige Transformation stehen sollen. Das geschieht weder umfänglich noch abschließend. Ziel dieses ersten Teils ist es, manche theologische oder kirchliche Grundannahme zu hinterfragen. Die These ist: Letztlich bedeuten *vielfältige und in sich sehr komplexe Indifferenz- bzw. Säkularitätsphänomene* eine der größten Herausforderungen für das Christentum des 21. Jahrhunderts.[1] Karl Rahner kleidete solche Fragen bereits in den 1970ern weitsichtig in den Buchtitel: „Ist Gott noch gefragt?"[2] Sie markieren eine wirkliche Leerstelle, so dass sich darauf nicht mehr mit dem bisher bekannten theologischen oder pastoralen Instrumentarium reagieren lässt.

Im zweiten Teil sollen eben einige dieser Instrumentarien angeschaut und auf diese Transformationen hin reflektiert werden. Deutlich wird dabei an vielen Stellen, wie und warum theologische, kirchliche und pastorale Strategien, die den Relevanzverlust abbremsen möchten, bisweilen buchstäblich ins Leere laufen.

Ein dritter Teil widmet sich einer Analyse der Gründe. Es soll deutlich werden, dass das Christentum als Erlösungs-

und Offenbarungsreligion mit seinem Angebot eines „Lebens in Fülle“, das durch Gott geschenkt wird, auf kein direktes Bedürfnis sehr vieler Menschen (mehr?) trifft. Die Grundfrage derzeitiger Transformationen lautet daher, etwas lapidar ausgedrückt: *Sind wir noch zu retten?* Also: Sind wir, sind säkular geprägte Menschen, überhaupt noch bedürftig oder fähig, Gott als Ort des Glücks oder sogar des Heils zu erleben?

Konsequenzen, die sich aus solchen Fragen habituell wie auch praktisch für die Pastoral ergeben könnten, machen den vorletzten Teil aus. Dabei handelt es sich nicht um Rezepte oder sogar Tipps, wie es besser gehen könnte. Eine fundamentale Transformation, wie sie das Christentum derzeit zumindest in Europa erlebt, direkt (wieder) mit einem Drehen an bestimmten Stellschrauben zu beantworten, wäre unterkomplex und würde vermutlich alte Frustrationserfahrungen wachrufen. Dennoch sollen unter diesem Punkt Gedanken zur Diskussion gestellt werden, die womöglich die ein oder andere Perspektive in die derzeitige Situation einschreiben können. Das geschieht in Form des thetischen Anreißens von Themenfeldern, über die andernorts vertieft nachgedacht werden könnte. Weder ein Ausloten der weiten theologischen Diskursräume noch eine „Anwendung“ bzw. ein umfängliches Bedenken praktischer Konsequenzen können hier geleistet werden. Deutlich ist allerdings: Das Christentum hat zweifelsohne eine Zukunft, vermutlich allerdings eine völlig andere, als wir sie uns derzeit vorstellen oder planen können.

Abgeschlossen wird der Band mit offenen Gedanken und Perspektiven auf die deutschsprachige Kirchenlandschaft.

A Szenen und Analysen der Transformation

Optimierung und Transformation: Mindestens zwei Paradigmen im Widerstreit

Mit Blick in die innerkirchlichen Diskussionen, die sich immer wieder an den Themen Kirchenkrise oder Zukunft der Kirchen in Deutschland entzünden, kann man mindestens zwei Paradigmen beobachten. Paradigmen lassen sich beschreiben als Landschaften, innerhalb derer sich ein bestimmtes Problem zeigt, sowie als Landkarten bzw. – moderner gesprochen – als Navigationssysteme, wie man es löst. Ein Paradigma bestimmt daher die Wahrnehmung wie die Umgangsstrategie mit einer Problemlage und es hilft, auftretende Komplexität zu strukturieren.

Wenn man sich mit dieser Wahrnehmungssonde auf die Suche nach den derzeit gebräuchlichen Paradigmen innerhalb des deutschsprachigen Katholizismus (und vielleicht auch darüber hinaus) macht, fallen insbesondere zwei dominante Perspektiven auf. Sie ziehen sich durch vielerlei kirchenpolitische Diskurse, theologische Standpunkte oder pastorale Zukunftsvisionen. Sie sollen hier einmal mit den Begriffen „Optimierung" und, oben bereits angedeutet, „Transformation" bezeichnet werden. Beide Paradigmen unterscheiden sich bezüglich des Ansatzpunktes ihrer Problemanalyse und folglich auch in der Lösungsstrategie. Außerdem werten sie Kausalitäten unterschiedlich. Bisweilen wird der Gebrauch bzw. die Präferenz eines Paradigmas auch mit der Zugehörigkeit zu einem bestimmten kirchenpolitischen Lager verbunden. Schließlich ist nicht deutlich und überdies strittig, wie sie sich einander zuordnen lassen.

Zunächst lässt sich ein *Optimierungsparadigma* analysieren. Hier geht es in der Problemanalyse insbesondere um Mängel in der Organisation bzw. innerhalb der institutionellen Verfasstheit der Kirche. Zum einen haben Reformforderungen als Problemlösung hier ihren Ort, zum anderen Optimierungsimperative der pastoralen Praxis. Die Grundidee ist: Nur wenn die Organisation sich ändert, werden auftretende Probleme zu lösen sein. Häufig fallen hier Begriffe wie „Amtskirche", Kirche als „Institution", etc. Die Kirchenkrise ist in erster Linie eine Institutionenkrise. An diesem Denken offenbart sich unter anderem etwas, was außerhalb des deutschen Kulturraums als typisch deutsches Phänomen wahrgenommen wird: das Institutionenparadox. Sowohl das Problem wie auch die Lösung liegen in der Institution und ihren dysfunktionalen oder mangelhaft ausgebildeten Strukturen. Vergleichbares lässt sich auch im staatlichen Bereich beobachten. Der starke Staat wird häufig vor dem Individuum zur Verantwortung für die Lösung von Problemen gezogen. Konsequenz ist die Verbesserung der Organisation bzw. Institution, unter anderem mithilfe außersystemischer Strategien der Organisationsentwicklung.

Kirchlich bedeutet Optimierung dann, neue und andere, also besser funktionierende Strukturen zu entwickeln, um den in ihnen agierenden Individuen die optimalen Handlungsvoraussetzungen zu schaffen. Dieses Paradigma hat für die Aufarbeitung der systemischen Ursachen von geistlichem Missbrauch und sexueller Gewalt seine absolute Dringlichkeit und Plausibilität. Es ist auf diesem Gebiet absolut unrelativierbar.

Allerdings wird mit dem Optimierungsparadigma häufig eine weitere Kausalität verbunden: Nur, wenn die Strukturen sich verändern, wird die Kirche glaubwürdig. Das ist zweifelsohne richtig, allerdings stellt das unten zu entwickelnde Transformationsparadigma die Frage, ob aus empirischer Sicht die Glaubwürdigkeit die einzige und vor allem hinreichende Bedingung für den Glauben bzw. Religiosität an sich ist.

Es gibt allerdings noch eine weitere Ausformung des Optimierungsparadigmas. Neben der organisationalen bzw. institutionellen Variante zeigt sich eine identitätsbezogene bzw. traditionale. Verbunden wird es zumeist mit dem Stichwort der Neuevangelisierung bzw. mit Bekehrungsimperativen. Auch hier steht ein eigener Optimierungsimperativ im Hintergrund. Einerseits muss sich sicherlich die Kirche als Ganze bekehren – in dieser Lesart insbesondere von ihrer Fixierung auf Strukturfragen. Der Fokus liegt hier allerdings eher auf den:der Einzelne:n. Bekehrung, Evangelisierung geschehen in erster Linie auf Individualebene. Während bei der ersten Variante die Reform der Kirche gefordert wird, ist hier eher die persönliche Umkehr und die Reform des Herzens der Ausgangspunkt für Zukunftsvisionen.[1]

Beide Optimierungsperspektiven, hier sicherlich eher holzschnittartig beschrieben, lassen sich aufgrund ihrer völlig disparaten Ausgangspunkte, Gewichtungen und Lösungsansätze nicht zur Deckung bringen. Zugleich sind beide auf ihre Weise bisher die Antwort schuldig geblieben, ob sie den Kontext, in dem sich das Christentum heute befindet, tatsächlich hinlänglich wahrnehmen und adressieren. Mit Blick nämlich auf sehr komplexe Koordinaten könnte sich eine Weitung nahelegen. Sie wäre womöglich ein „dritter Ort“ jenseits der beiden sich verhakenden Äste des Optimierungsparadigmas. Als Kontext und solche Weitung wäre das Optimierungsparadigma in beiden Spielarten womöglich mithilfe eines anderen Paradigmas zu ergänzen: desjenigen der *Transformation*. Dieses schließt einerseits Optimierungen und

Strukturveränderungen ein, sieht allerdings außerhalb dessen noch weitere Prozesse am Werk, die sich nicht unmittelbar durch innerkirchliche Veränderungen beeinflussen lassen. Der Blick auf das Transformationsparadigma soll einerseits helfen, aus den Verkeilungen und Verwundungen innerhalb des Optimierungsdenkens und -bemühens herauszuführen oder es zumindest zu relativieren. Nicht relativiert werden dürfen allerdings, um es nochmals deutlich zu sagen, die unzweifelhaft unumgänglichen Dimensionen dieses Paradigmas: dass Strukturen gerade im Bereich innerkirchlichen Machtgebrauchs sich nicht nur als weitgehend dysfunktional, sondern als missbrauchsbedingend erwiesen haben und daher verändert, ja verbessert werden müssen. Ähnliches gilt, freilich auf einer anderen Ebene, für pastorale Strukturen.

Zugleich könnten beide Varianten des Optimierungsdenkens auch an ihren jeweils blinden Flecken voneinander lernen. Etwa: Weder liegt das pastorale Heil allein in Strukturen, noch ist mit Neuevangelisierung der kirchliche Auftrag für unsere Zeit hinreichend beschreibbar.

Jenseits all dessen möchte das Transformationsdenken aufzeigen, dass Optimierung bzw. Reform einerseits absolut notwendig sind, allerdings nicht hinreichend. Dies ist eine steile These, die sich, wie weiter unten gezeigt werden soll, allerdings von der Empirie her nahelegt. Weder das strukturelle bzw. organisationale Optimierungsdenken noch eine traditionale bzw. identitätsgeleitete Perspektive werden als einzelne und einzige Strategien ausreichen, die derzeitige Situation von Kirchen und Christentum zu bearbeiten.

Gottesbezug und Religion als Fluchtpunkt des Transformationsparadigmas

Für die Triftigkeit dieser These steht eine weitere Wahrnehmung. Die Heftigkeit, mit der die innerkirchlichen Auseinandersetzungen im 21. Jahrhundert geführt werden – also auch der Widerstreit der oben angeführten Paradigmen –, könnte dafürstehen, dass hier eine andere Krise mit verhandelt wird: die Ratlosigkeit angesichts der Säkularisierung bzw. der verschiedenartigen Phänomene von religiöser Indifferenz. Nicht nur, dass kirchliche Instanzen bei der Aufarbeitung sexueller Gewalt bis heute eklatant überfordert sind und versagen (wer hat übrigens je gesagt, dass die Kirche das aus sich heraus kann?), es zeigt sich auch ein anderes „Organversagen": Immer deutlicher wird etwa, gerade im Gespräch mit Seelsorger:innen, dass man jede Art von „Konzeptgläubigkeit" verloren hat. Zu stark und zu eindringlich sind die Erfahrungen an der ‚Basis'. Nicht nur, dass man sich als Statthalter:innen des Absurden versteht, da man die eigene Botschaft als argumentativ schwer darzulegen erlebt, nein: Bereits der Schritt zu einer Auseinandersetzung mit den Angeboten sowie den Provokationen des Glaubens wird nicht mehr gefragt. Ein echter Atheist sei mittlerweile ein Glücksfall, hat Kardinal Walter Kasper einmal gesagt. Das heißt: Wirklich über den Glauben diskutieren, die großen Fragen stellen und um Antworten auf diese ringen, findet selten statt. Nicht von ungefähr erzählen ehemalige Studierende, dass viel von ihrem theologischen Wissen in der Pastoral nicht abgefragt wird. Wenn, dann müssen sie dafür Formate schaffen, die allerdings die gesellschaftliche Öffentlichkeit gar nicht mehr erreichen.[2] Interessiert zeigt sich das kleine Segment von bildungsaffinen Katholik:innen. Wenn so etwas wie öffentliches Interesse sichtbar wird, dann bei den Dauerbrenner- und politischen Themen. Gerade wenn der jahrhundertealten Moralinstanz katholische Kirche ein Versagen in diesen moralischen Domänen vorzuwerfen ist, wird die Fallhöhe berechtigterweise besonders hoch.

Auf diese Situation war und ist die katholische Kirche nicht vorbereitet. Das zeigt sich unter anderem in einem Rückgriff auf altes Machtbesteck bzw. in einem eklatanten Unterschätzen moderner Kommunikationsmuster. Wenn etwa im Kontext der Aufarbeitung von sexueller Gewalt insbesondere auf weltliche (!) Rechtskategorien zurückgegriffen wird, kommt richtigerweise der Einwurf, dass dies für eine ‚moralische Instanz' doch etwas wenig sei. Es zeigt sich auch in einer mitunter unbeholfenen Übernahme von Managementstrategien, deren ethische (vor allem ökonomisch und zweckgerichtete) Grundlage überhaupt nicht gekannt, geschweige denn problematisiert wird. Wenn kirchliche Verwaltungen nach neoliberalen Grundsätzen umstrukturiert werden sollen, dann ist dies zumindest die Frage wert, ob man sich damit nicht einem anderen Gott unterwirft. Sicherlich, die zuweilen zu sehr auf verbeamteten Sicherheiten basierende kirchliche Organisation wird sich zweifelsohne transformieren müssen. Und das nicht nur aus Gründen der Finanzknappheit. Aber gerade solche Prozesse zeigen, wie wenig man mitunter fähig ist, die eigene Souveränitätsposition zu relativieren und die Eigenlogik des Weltlichen bzw. Außerkirchlichen anzuerkennen, geschweige denn verstehen zu wollen.

Diese wenigen Beispiele sollen zeigen: Die Kirche leidet in unseren modernen Zeiten und Welten an einem multiplen Organversagen. Krisenszenarien sind unübersichtlich, miteinander verstrickt, nicht mehr zentral zu steuern und schon gar nicht auf einen Nenner zu bringen. Die Kirche hat daran einen natürlichen Anteil. Das ist völlig normal, doch kommen sie und ihre Strategien, mit solchen Situationen umzugehen, eigentlich aus einer anderen Zeit. Zugleich stammen sie aus einer Zeit, als der Götterhimmel noch voll, also ein transzendenter Lebensbezug weitgehend Konsens war. Hierhin möchten manche eigentlich wieder zurück.

Die Herausforderung, inmitten solcher multiplen Modernen mit all ihren Paradoxien, Ambiguitäten, Dissonanzen und Zerklüftungen noch Perspektiven zu sehen, ist anspruchsvoll. Hier wie dort tut man sich auch in der Kirche schwer mit der Einsicht, dass das Rad der Geschichte nicht zurückzudrehen ist. Man tut sich schwer, keine vorschnelle Lösung zu haben, ja bereits bei der Problemanalyse kann man sich fast nicht einigen. Einen Schritt aus dieser Situation hinaus könnte jener Wechsel der Ebene sein, indem man auf der Linie des Transformationsparadigmas den Blick von einem „dritten Ort" aus, nämlich vom Thema Religion her angeht.

Religion ja, Kirche nein? Vom Ende einer optimistischen Annahme

Religion hat in unseren Breiten eine institutionelle Gestalt bekommen, die zumindest katholischerseits sogar noch theologisch aufgeladen ist. Das ist etwa beim Islam, aber auch in den asiatischen Religionen anders. Hans Joas hat festgehalten, dass das Kirchesein im Christentum als Konsequenz seines moralischen, also Stammes-, Volks- und Staatsgrenzen übersteigenden Universalismus zu begreifen ist.[3] Vermutlich ist es diese Festlegung, die Religion und Kirche identifiziert und in ein zwingend kausales Verhältnis bringt, die heute jedoch zu einer Engführung führt: Wenn Religion nicht funktioniert, dann liegt das insbesondere an der Kirche. Ein Blick in die Religionssoziologie kann helfen, diese Annahme ein wenig zu differenzieren.

Lange ging man in der religionssoziologischen Forschung davon aus, dass Religion sich privatisiert bzw. individualisiert habe. Diese sogenannte „Individualisierungsthese" steht unbewusst hinter sehr vielen Diskussionen um Kirche und Pastoral in den letzten Jahrzehnten.[4] Religion werde an anderen Orten und zu anderen Gelegenheiten gelebt als in der Kirche. Wenn dies vorausgesetzt wird, dann besteht natürlich das Mittel der Wahl zur Krisenbekämpfung in einer Optimierung der Kirche.

Nun gibt es mittlerweile Gründe, die dafürsprechen, diese Annahme etwas zu relativieren. Zum einen wissen Praktikerinnen und Praktiker aus der Pastoral, dass auch dort, wo ‚die Kirche' alles richtig macht, sich Erosionen meistens ebenso ereignen wie dort, wo weniger Wert auf Qualität gelegt wird. Ein Pfarrer, der zwischen 1985 und 2010 Pfarrer in einer Münsteraner Stadtrandgemeinde war, beschrieb dies so: „Du kannst durch alle Gemeinden gehen. Wir hatten in den letzten Jahren in der ganzen Stadt sehr engagierte Pastoralteams. Doch überall zeigt sich über kurz oder lang das gleiche Bild: Die Reihen lichten sich und es wird immer schwieriger, Menschen für das Engagement in der Gemeinde zu gewinnen." Durch solche und ähnliche Erfahrungen wird zumindest die Annahme „Dort, wo Kirche gut ist, lässt sich Entkirchlichung bzw. Säkularisierung stoppen" relativiert.

Interessant ist nun, dass sich diese Wahrnehmungen auch in der empirisch arbeitenden Religionssoziologie widerspiegeln. Hier teilt man mittlerweile die Rede von der Säkularisierung in drei Phasen ein: Nach einer Hochphase der klassischen Säkularisierungsthese in den 1960ern bis in die 1970er (also: je moderner eine Gesellschaft wird, desto weniger religiös ist sie) kommt es zu einem Wechsel hin zu jener Individualisierungsthese: Religion privatisiert sich, wandert aus ihren klassischen Orten und Institutionen aus. Diese Wahrnehmung wird insbesondere dadurch möglich, dass das Verständnis von Religion hier erweitert wird. Religiös ist jeder Mensch, der sich in sogenannte Transzendierungserfahrungen begibt. Das kann eine Urlaubsreise sein, das kann Meditations- oder Yogakurse meinen, alles, wodurch der Mensch etwa nach eigenem Ermessen „Sinn" oder „Spiritualität" erfährt.[5] Die Anfrage an diese Konzeption aus christlicher Sicht ist nun, dass Religion hier nicht zwingend mit Gott gedacht werden muss. Wenn man dies tut, macht man allerdings die christlichen Kirchen bei vielen dieser Formen von Religion buchstäblich arbeitslos bzw. nicht zuständig. Denn Religion funktioniert im Christentum und bei den anderen monotheistischen Religionen letztlich nur mit Gott bzw. auf Basis eines Transzendenzbezugs. Wenn man also Religion so versteht, wie es die Individualisierungstheoretiker tun, dann muss man mitbedenken, dass es sich hier nur in Teilen um das handelt, was den christlichen Glauben als Ganzen ausmacht.

Deshalb ist es interessant, dass genau diese Bewegung bzw. Frage sich seit ca. 2015 in der internationalen Religionssoziologie niederschlägt:[6] Sie geht davon aus, dass, wenn man wirklich Religion im Sinne der großen, kulturprägenden, monotheistischen Religionen untersucht, festzustellen ist, wie es hier zu einem *kontinuierlichen Relevanzverlust* kommt. Dieser geschieht vor allem auf der Ebene einzelner Menschen und in deren Lebensvollzügen. Nicht so sehr gesellschaftlich insgesamt, also in erster Linie von oben nach unten, sondern langsam, aber stetig andersherum. Durch das starke Auftreten politisch-religiöser Strömungen, etwa in Gestalt eines politischen Islam oder evangelikaler Kreise, ist das Religionsthema freilich auf neue Weise zurück in der Öffentlichkeit. Auf Ebene des Individuums wird bis auf wenige Länder mittlerweile ein Abbruch an religiöser Praxis im Sinne eines existenziellen Nachvollzugs religiöser Inhalte gemessen.[7] Besonders heraus stechen dabei die USA, bei denen man immer dachte, dass sie als fast einziges modernes Land ‚säkularisierungsresistent' seien. Auch hier misst man seit 2007 deutlich fallende Zahlen, und die ersten Kirchen und Gemeindehäuser aller Konfessionen müssen schließen.[8] Man steht heute also vor einem Comeback der alten Säkularisierungsthese, allerdings in veränderter Form. Sie ist einerseits in ihrer Folgerichtigkeit bzw. Linearität relativiert und muss in ihrer Anwendung auf die Wirklichkeit differenzierter betrachtet werden als bisher. Religion verschwindet nicht. Das heißt andererseits nicht, dass die Säkularisierung als ganzer Vorgang zu verwerfen wäre. Religionssoziologisch ist eher davon auszugehen, dass der Großtrend in unseren Kulturen säkularisierend ist.

Das bedeutet für die Pastoral, dass wir bei allen Erosionen natürlicher Teil dieser Prozesse sind, was freilich nicht heißen kann, die Hände in den Schoß zu legen. Dennoch eignet sich diese neue bzw. veränderte Säkularisierungsthese besser als Schlüssel für unsere Situation als die Individualisierungsthese. Sie gibt ein realistisches Maß für viele andere Fragen, auch für jene nach der Reichweite von Kirchenreformen. Das Religionsthema ist daher ein Ort, der bei der Erfassung der kirchlichen Wirklichkeit unbedingt mit einbezogen werden muss. Es ist nämlich das, wofür die Kirchen gesellschaftlich stehen: den Himmel für Menschen offen zu halten und das auf sehr unterschiedliche Weise. Vielleicht ist sogar genau auch diese unbewusste Wahrnehmung ein wesentlicher Faktor, der den Druck im kirchlichen Konfliktkessel erhöht: Wir merken, dass wir mit unserer eigentlichen Zuständigkeit für Religion keine wirkliche Relevanz nach außen hin mehr entfalten können. Weil hier allerdings der oder die

‚Schuldige(n)' bzw. Ursachen nur sehr schwer auszumachen sind, suchen wir sie untereinander. Ein Wechsel hin zum Religionsthema und zugleich ein Ernstnehmen aktueller religionssoziologischer Analysen könnten hier einen entlastenden Ausweg schaffen. Sie lösen bestimmt nicht alle Kirchenfragen und machen die Notwendigkeit von Reformen in der Kirche und Entwicklungen ihrer Lehre sicher nicht obsolet. Es könnte nur sein, dass sich durch die Arbeit an ‚der Kirche' das Religionsthema nicht umfassend lösen lässt.

Charles Taylor: Glaube ist eine Möglichkeit unter vielen – und nicht die leichteste!

Als Standardwerk für solche Fragen bietet sich bis heute das 2007 auf Englisch veröffentlichte *Opus Magnum* des kanadischen Sozialphilosophen Charles Taylor an.[9] Auf mehr als 1.000 Seiten zeichnet er die geschichtliche Entwicklung bis hin zu einem heute durch und durch „säkularen Zeitalter" nach. Taylor sagt ebenfalls, dass die alte Säkularisierungsthese (bei ihm Säkularität 2 genannt, neben der Säkularität 1, die die Trennung von Staat und Kirche meint) im Sinne von „je moderner, desto weniger Religion" nicht aufrechterhalten werden kann. Er benennt das lineare Säkularisierungsdenken als „Subtraktionsgeschichte": je weniger Glaube, desto mehr Modernität – und umgekehrt. Taylor zeigt dagegen, dass die Geschichte der „säkularen Option", also der Möglichkeit, auch ganz ohne Religion zu leben, schon weit vor der Moderne, ja sogar schon vor der Reformation beginnt. Es war die Erfahrung des Menschen, Erfüllung auch ohne einen direkten Bezug auf Himmel und Transzendenz erleben zu können. Begonnen hatte dieser Prozess unter anderem mit dem niederländischen Frühkapitalismus, der den Handel als einen der ersten Orte außerreligiöser Erfüllung ermöglicht. Über Jahrhunderte, teilweise verstärkt durch religiöse Impulse wie die Reformation und deren Bindung der Spiritualität an das Individuum, entwickelt sich immer stärker das Leben ohne Religion nicht nur als denkbare, sondern als tatsächlich praktizierte Möglichkeit. Die Praxis bzw. das Erleben gehen sogar dem Denken voraus. Hierbei fehlt Menschen nichts, ihnen ist es in zunehmendem Maße noch nicht einmal bewusst, dass es noch etwas anderes geben könnte. Sie sind daher auch nicht auf der Suche danach. Glaube wird, so wie es Hans Joas im Gefolge von Taylor sagt, eine Option.[10] Und zwar nicht die leichteste und schon gar nicht die naheliegendste. Das meint Taylor, ganz kurz zusammengefasst, wenn er von Säkularität 3 spricht. Der Grundkonflikt ist also ursprünglich nicht jener zwischen Glaube und Moderne, sondern setzt viel früher ein. Die lebensweltlich erfahrene Möglichkeit einer Alternative zum Monopol der Transzendenz als Heilsort macht nach Taylor sogar die späteren Emanzipationsbewegungen der Moderne erst möglich.

Bei Betrachtung dieser dritten Form lässt sich eine kirchliche Verengung beobachten: Unsere Diskurse liegen weitgehend auf Ebene der Subtraktionsgeschichte (also der Säkularität 2). Vielleicht kann man Taylor in diesem Sinne weiterdenken: Die Moderne hat den Glauben subtrahiert, weil er nicht zu einem vernünftigen und freien Leben zu passen schien. Unsere Kirche und Theologien versuchen nun einen vernunftgemäßen und freien Glauben, der durch den Scheuersack all dieser Diskurse gegangen ist, wiederum zu addieren, um so zu einer passenden Antwort bzw. Lösung der „säkularen Frage" nach dem Auseinandertreten von Kirche und Welt zu kommen. Wenn aber weite Teile unserer Wirklichkeit sich auf eine etwas andere Weise als säkular erleben (nämlich als multioptional und sehr divers in dem, wie sie Lebenserfüllung auffassen), dann könnte es sein, dass man sich an einer Form von Säkularisierung abarbeitet, die nicht mehr die ganze Wirklichkeit trifft. Ist daher, so wäre provokativ in Anlehnung an Taylor zu fragen, unsere Zeit bereits mit ganz anderen Fragen beschäftigt und in völlig unterschiedlichen Relevanzsystemen zuhause? Diese Fragen sollen hier nur kurz angerissen werden. Im weiteren Verlauf des Buches werden sie noch eine stärkere Rolle spielen.

Heilsam ist in diesen Zusammenhängen die pastorale Praxis. Interessanterweise wissen viele Seelsorgerinnen und Seelsorger das intuitiv. Natürlich kann man überzeugend predigen, Katechese als performative Glaubenskurse professionell gestalten und Fragen wie jene nach einer Vereinbarkeit von Schöpfungsglaube und Evolution diskutieren. Allerdings machen dabei viele die Erfahrung, dass das vielleicht noch einige interessant finden, der Großteil der Teilnehmenden sich hingegen zwar womöglich gedanklich angeregt fühlt, der Schritt zur weiteren Auseinandersetzung mit dem Glauben aber seltener erfolgt. Vielleicht zeigt sich hier ein Lernfeld, dass man vom Glauben nicht in erster Linie überzeugt, sondern ihn bezeugt und er meistens aus einer heilsamen Erfahrung erwächst.[11] Bei aller Notwendigkeit, Glauben vor dem Forum der Vernunft zu verantworten oder ihn vor Versuchungen des Magischen oder Esoterischen zu schützen, zeigen solche Erfahrungen aus der Praxis, dass Religiosität und Glaube zugleich weder argumentativ noch konzeptionell ‚machbar' sind.

In diesem Buch soll jene dritte Weise von Säkularität, also die Multioptionalität, ernst genommen werden. Nicht weil die zweite Form nicht mehr existent oder unwichtig wäre, sondern weil sich der Blick so nochmals über das Bekannte hinaus weiten könnte.

Eine Option auf dem Vormarsch: Die „Säkulare Option" als Apa-Theismus

Taylor spricht in seinem Werk ebenfalls von einem „stabilisierten mittleren Zustand", der vielen Menschen heute zum Leben reicht. In die pastorale Praxis übersetzt meint dieser: Menschen etwa in ihren 30ern haben so viel mit Karriere, Familie und der Absicherung alltäglicher Bezüge zu tun, dass Religion und Kirche, auch nach einer positiv erlebten christlichen Erziehung oder guten Erfahrungen in der kirchlichen Jugendarbeit, einfach keine Rolle mehr spielen. Anderes ist stärker und legt sich darüber. Sicher beschreibt das ein klassisches Mittelklassenphänomen, aber eben genau diese Menschen erreichen wir als Kirche überhaupt noch. Taylor hat zugleich die ganze Kultur vor Augen. Für alle Menschen, sagt er, war es etwa im 16. Jahrhundert zur Zeit der Reformation unmöglich, nicht an Gott zu glauben. Heute ist es fast umgekehrt: Der Glaube, eine Option unter vielen, ist für manche eine noch nicht einmal in Frage kommende Möglichkeit. Die oben kurz skizzierten aktuellen religionssoziologischen Daten bestätigen diesen Befund. Was Taylor beschreibt, ist also nicht nur eine aus der Ideengeschichte entwickelte Theorie, sondern zeigt sich als praktisch überaus anschlussfähig.

Wenn Taylor bezüglich dieser „Säkularen Option" von einer noch nicht mal in Frage kommenden Möglichkeit religiösen Lebens spricht, dann lässt sich hieran mit einem aus dem angelsächsischen Sprachraum stammenden Begriff anknüpfen:[12] dem des „Apa-Theismus". Bekannt sind die Vokabeln „Atheismus" als Gegenbegriff zu „Theismus" (eine typische Konstellation auf Ebene der Säkularität 2). Bekannt ist womöglich auch der „Agnostizismus" als eine Haltung, die die Frage nach Gott eher offenhält, weil sie nicht beantwortbar scheint. Im niederländischen Sprachraum wurde Ende der 1990er mit dem „Ietsismus“ ein weiterer Begriff geprägt, den man mit „Etwasismus“ übersetzen könnte. Menschen glauben nicht mehr so sehr an jemanden, im Sinne eines Gottes als Person(en), sondern eher an „etwas“, das vielleicht „danach“ kommt oder „über“ uns ist. „Irgendwas ist da“, sind typische Sätze von Menschen, deren Einstellung der Begriff „Etwasismus“ beschreiben möchte. In dieses vielleicht verwirrende Feld von unterschiedlichen Begriffen und Phänomenen kommt nun der „Apa-Theimus“ als eine neue Beschreibung, die sehr gut zur „Säkularen Option“ bei Taylor passt. Sie löst den Etwasismus in der Praxis immer sichtbarer ab. In den Niederlanden geht die Tendenz hin zu 70 % der Bevölkerung. Das Besondere und, wenn man so will, theologisch Tückische am Apatheismus ist seine durch und durch gleichgültige Haltung. Tomáš Halík, der als einer der ersten auf dem europäischen Festland über den Apatheismus nachgedacht hat, beschreibt das in Anlehnung an den US-amerikanischen Religionswissenschaftler Robert Nash sehr treffend:[13] Menschen haben noch nicht mal mehr die Frage, die der Glaube beantworten möchte. Etwas anders ausgedrückt: Bei vielen fehlt jegliches religiöse Bedürfnis. Dinge des Glaubens und etwa Lebensdeutungen aus religiöser Perspektive perlen ab. Es sind nicht die Fragen, denen diese Menschen viel Aufmerksamkeit schenken. Ihr Leben ‚läuft‘ durch die verschiedenen Hochs und Tiefs auch so. Im Bereich der Sakramentenpastoral oder der Kasualien ist man dankbar für die menschliche und rituelle Begleitung etwa in eine neue Lebensphase (Taufe, Erstkommunion, Firmung, Hochzeit, Trauer) und erzählt von sich und dem eigenen Leben im Feiern des Rituals wie vor einem Publikum. Diese Möglichkeit bieten die Kirchen ebenso wie die relative Öffentlichkeit, die man dafür benötigt. Allerdings sind die Kirchen auf diesem Markt nicht mehr konkurrenzlos. Jene Sakramente, die eine solche Öffentlichkeit und Effekte nicht ermöglichen (Beichte und Krankensalbung), nehmen vermutlich deshalb zahlenmäßig schneller ab als die klassischen Passageriten, die es in jeder Kultur gibt.

Der Apatheismus markiert daher eine wirkliche Leerstelle. Denn wenn keine Frage mehr da ist (oder diese innerweltlich völlig ausreichend beantwortet werden kann), verliert eine Religion, die eine existentielle Antwort sein möchte, ihre Rolle und letztlich jede Funktion. Sie wechselt auf Funktionen, die auch zu ihr gehören, weil sie sich aus dem inneren religiösen Kern speisen, deckt dabei aber Felder ab, die auch von anderen – mitunter noch besser – bearbeitet werden können.

Für die Fachtheologie bedeutet der Apatheismus ebenfalls eine große Herausforderung. Denn sie hat sich besonders im 20. Jahrhundert darauf konzentriert, den Menschen als fragend zu verstehen. Jeder Mensch wird sich irgendwann zur Frage, die auf eine Antwort drängt, so liest man etwa sinngemäß auch in Konzilstexten.[14] Wenn das so ist, muss die Theologie die passende Antwort bereithalten und genau daran arbeiten. Der Apatheismus stellt diese Annahme nun vor neue Tatsachen. Wenn nicht mehr jeder Mensch die Frage nach Gott oder einem über dieses Leben hinausgehenden Sinn hat, was dann? Müssen wir im 21. Jahrhundert nicht aufgrund der Säkularisierung zu anderen Grundannahmen und Ansätzen kommen, als sie für das 20. Jahrhundert galten? Führt uns der Apatheismus, also die völlige existentielle Unberührtheit von religiösen Fragen und daher auch die Unverständlichkeit von entsprechenden Antworten jedweder Couleur nicht auf ein völlig neues Feld, das wir noch nicht kennen? Müssten wir nicht zunächst die wirklichen Fragen von Menschen in ihrer großen Diversität rekonstruieren und von hier her versuchen, Antworten zu finden? Der ehemalige Erzbischof von Poitiers, Albert Rouet, beschreibt die gängigen Reaktionsmuster auf diese Phänomene treffend: „Von nachdenklichen Atheisten, die fähig sind, entgegengesetzte Theorien aufzustellen, lassen sich Gläubige durchaus gerne stören und hinterfragen. Das Niveau der intellektuellen Debatte empfinden sie als anregend. Doch die Indifferenz stört sie kaum. Ihre Stärke sind nicht Theorien, und die große Zurückhaltung, in der sie sich ausdrückt, wird nur hier und da von Kunstwerken, Filmen, Theaterstücken oder Gemälden aufgebrochen [...]. Sich von Indifferenz gestört zu fühlen, kommt den christlichen Gemeinschaften nur dann in den Sinn, wenn ihnen schmerzlich bewusst wird, wie sehr ihre Zahl abnimmt und wie überaltert sie sind. Von echter Beunruhigung jedoch keine Spur."[15]

Der Apatheismus führt noch in eine weitere Frage. Es gibt derzeit eine Fülle an Umfragen zu Kirchenmitgliedschaft und Prozessen der Distanzierung. Halík schreibt, dass, wenn ein Apatheist negative Aussagen über die Kirche macht, diese sich meistens auf ein überkommenes Klischee beziehen, über das man nicht mehr nachdenkt. So ähnlich, wie dies für manche vielleicht beim ADAC der Fall ist: Man erinnert sich, dass es da mal vor Jahren einen großen Skandal gab. Wenn man dann fragen würde, warum jemand nicht in den ADAC eintrete, würden vermutlich jener Skandal genannt werden, denn irgendwas muss man ja sagen. Entsprechend muss man aufpassen, dass man nicht zu sehr Klischeebilder mit einer wirklich engagierten Meinung verwechselt. Es könnte Daten verfälschen und entsprechende Folgeaktionen („jetzt verändern wir in der Kirche das und das") wirkungslos machen. Wahrscheinlich müsste man fragen: „Wenn die Kirche dies und jenes abstellen und dafür etwas anderes ermöglichen würde, wäre das für Sie ein Anlass, sich wieder mit dem Glauben zu beschäftigen?"

Der Apatheismus oder anders: religiöse Gleichgültigkeiten sind also Phänomene, auf die wir weder pastoral noch theologisch wirklich vorbereitet sind, geschweige denn ein wirkliches ‚Handwerkszeug' hätten, um damit umzugehen. Vielleicht ist es das Besondere, dass wir ganz anders darauf reagieren sollten, als wir es gewohnt sind. Also: nicht wieder ein Konzept, ein neues Papier der Bischofskonferenz, ein wissenschaftliches Forschungsprojekt. Es markiert buchstäblich eine Leerstelle.

Indifferenz transformiert sich aktuell häufig in Religionsfeindlichkeit

Neben Phänomene des wirklich Indifferenten, also des Apatheismus, scheint derzeit ein Trend zu treten,[16] den man als eine neue Religionsfeindlichkeit bzw. eine völlige, abweisende Geschlossenheit gegenüber allem Religiösen deuten kann. Manche Gleichgültigkeit scheint sich hierhinein zu transformieren. Das Phänomen ist noch so neu und unbekannt, dass es schwierig ist, es angemessen zu deuten. Offenbar erscheint zunehmend vielen Indifferenten *Religion an sich* als kulturell mittlerweile so fremd, dass man mit einem besonderen Abwehrreflex darauf reagiert. Religion wird medial nur noch als Bedrohung und Freiheitsbeschränkung wahrgenommen, so dass sie aus diesen Gründen für viele für gesamtgesellschaftlich obsolet gehalten wird. Wenn überdies Kirche und Religion nicht mehr unterschieden sowie konfessionelle Unterscheidungen nicht mehr gekannt werden, erscheint Religion generell nicht mehr nur als überflüssig, sondern werden gerade im Zuge des Missbrauchsskandals die Religionen allgemein als Tätergemeinschaften identifiziert. Man ist zudem weitgehend in einem wissenschaftlich-naturalistischen Weltbild beheimatet und dabei hoch religiösen Menschen gegenüber äußerst misstrauisch. Das bedeutet jedoch im Umkehrschluss nicht, dass man sich weiter mit religiösen Fragen im Sinne eines existentiell-suchenden Zweifelns beschäftigen würde. Es ist eher ein Kippen der Indifferenz von einer ursprünglich neutralen Offenheit über eine weitgehend unreflektierte Bedeutungslosigkeit in eine grundsätzliche Abwehrhaltung und Geschlossenheit im Standby-Modus, die noch undurchdringlicher und in diesem Sinne „apa-theistischer" wird, als es alles andere zuvor war. Diese Indifferenz stellt somit eine Art eigenen ‚Säkularismus' dar, der es noch schwerer macht, überhaupt in Kontakt mit diesen Menschen zu treten oder sie für irgendetwas anzusprechen.[17] Vermutlich wird diese Form der Indifferenz die Exkulturation des Christentums vor allem in seiner institutionellen Verfasstheit befördern, da eine feindlich gesinnte Haltung auch den positiven Mehrwert des Religiösen, auch ohne selbst religiös zu sein, nicht mehr wahrnehmen kann bzw. möchte. Dann ist auch die Rolle der Kirchen sehr leicht ersetzbar und Forderungen werden vermutlich schneller und lauter erhoben, als dies vonseiten toleranter Indifferenter geschieht, die den Mehrwert von Christentum und Kirche für das Gemeinwohl durchaus wertzuschätzen bereit sind.

Es wäre also nach aller Voraussagekraft falsch, hier in alte oder neue apologetische Muster zu verfallen, wie sie sich etwa vor einigen Jahren noch im Kontext des „Neuen Atheismus" zeigten. Es muss eher von einer buchstäblich frag-losen, undurchdringlichen und immer deutlicher feindlichen säkularistischen Gesinnung ausgegangen werden.

Aber Spiritualität boomt doch? Allerdings: *Selbsttranszendierung* heißt nicht *Transzendenz-Bedürfnis*

An dieser Stelle ist es wichtig, noch einem wichtigen Einwand Raum zu geben, der häufig gegen die Analyse religiöser Indifferenzen ins Feld geführt wird. Oben war beschrieben worden, wie man nach der Hochzeit der klassischen Säkularisierungsthese zu der Annahme überging, Religion werde unsichtbar und privatisiere bzw. individualisiere sich. Dies war unter anderem dadurch möglich, dass man den Begriff von Religion erweiterte und alles, wo Menschen eine Erfahrung machen, die zunächst der Religion vorbehalten war, als Religion deutete. Überall, wo Menschen Abstand von ihrem üblichen und alltäglichen Leben nahmen, war Religion drin. Für die Pastoral bedeutete dies nicht selten, Menschen in der einen Transzendenz „abzuholen" und in die große Transzendenz „einzuladen".

Wie sehr dieses Denken vielfach in Fleisch und Blut übergegangen ist, zeigt sich zum Beispiel an der Rede über Spiritualität. „Unsere Zeit ist voll von Spiritualität, aber die Kirchen profitieren davon nicht bzw. wissen dies nicht zu nutzen", sagen manche.

Um sich gerade kirchlich und theologisch ehrlich zu machen, muss man hier etwas tiefer ansetzen. Wenn im Sinne der oben angesprochenen Individualisierungstheorie alles Religion sein konnte, womit Menschen sich transzendieren, dann hat sich konsequenterweise auch der Spiritualitätsbegriff erweitert. Ist aber das, was allgemein Spiritualität genannt wird, tatsächlich das, was auch Christinnen und Christen darunter verstehen? Zur christlichen Spiritualität, auch zu den Formen, die diese ins Handeln übersetzen, gehört von ihrer eigenen Definition her, ein Gottes- bzw. Transzendenzbezug.

Vor einiger Zeit wurde eine empirische Studie veröffentlicht, die in diesem Zusammenhang sehr aussagekräftig ist.[18] Verschiedene Menschen wurden darin nach dem befragt, was sie Spiritualität nennen. Ermittelt wurden bis zu zwölf Arten von Spiritualität, von denen bei gutem Willen zwei im weitesten Sinne mit dem verbindbar waren, was auch christlich hierunter verstanden wird. Also ein Leben nach den Weisungen der Zehn Gebote etwa, mit der Bibel, im Gebet, mit einer immer neuen Suche nach Gott und Fragen, wie vor diesem Hintergrund der Lebensauftrag in unserer Welt und Zeit bestimmt werden könne. Andere Typen blieben im Innerweltlichen oder reichten ins Esoterische. Deutlich wird, dass das Christentum und wahrscheinlich alle Religionen das Copyright auf den Spiritualitätsbegriff verloren haben. Was Menschen darunter verstehen, wird individuell und autonom bestimmt.

Es kann allerdings bereits hier mindestens zweierlei deutlich werden: Begriffe und Wahrheiten sind in unserer postmodernen Zeit perspektivisch, das heißt, sie können für jede und jeden etwas anderes bedeuten. Das ist so, und dahinter können wir nicht zurück – wollen es vielleicht auch gar nicht. Faktisch bedeutet dies, dass man sich einerseits in Gesprächen immer darüber verständigen muss. Jede:r kann sich nach Belieben und Bedürfnis in christlichen (und anderen) Archiven bedienen, so wie sie bzw. er es braucht oder für nötig hält. Das gilt für Spiritualität genauso wie für Religion. Sowohl die Kirche als auch Theologinnen und Theologen haben ihre Deutungshoheit darüber, was Menschen glauben, wichtig finden oder wie sie welches Wort inhaltlich füllen und wofür sie es gebrauchen, verloren und das sicher auf unabsehbare Zeit.[19] Dieses Phänomen ist das Ergebnis – um es theologisch zu sagen – der Freiheit, die Gott in die Schöpfung gelegt hat. Manche in der Kirche würden sagen: „Genau diese Freiheit führt zur Abkehr von Gott, also zur Sünde." Aber, kann man Menschen eine Abkehr vorwerfen, die sie faktisch nie bewusst vollzogen haben und deren Koordinaten sie gar nicht (mehr) kennen? Oder kann man eine Distanzierung bzw. Umdeutung von Begriffen kritisieren, wenn dies auch durch kirchliches Fehlverhalten forciert wurde?

Ein Weiteres, was hier sichtbar wird, ist die Tatsache, dass wir *Transzendenz* und *Transzendierung* unterscheiden müssen. Diese scharfsinnige Trennung stammt von dem bereits erwähnten Soziologen Hans Joas, der darauf aufmerksam macht, dass wir nur so das wirkliche Problem, vor dem das Christentum steht, scharfgestellt bekommen. Joas selbst arbeitet mit dem Begriff der *Selbsttranszendenz,* den er allerdings mittlerweile für weniger geglückt hält.[20]

Vielleicht haben sogar alle Menschen ein Bedürfnis nach dem, was man *„Transzendierung"* oder *„Selbsttranszendierung"* nennen kann. Dieses kann jedoch verschieden erlebt werden: ein Ritual, ein Essen mit Freunden, der Tagesrückblick bei einem Glas Wein am Abend, oder aber in Auszeiten auf exotischen Urlaubsreisen, in Klöstern oder Meditationszentren. Mitunter nennt man dies dann auch Spiritualität. All dies meint, was *„kleine"* oder *„mittlere Transzendenzen"* der oben erwähnten Individualisierungstheorie beschreiben möchten, nur dass aus christlicher Sicht vorgeschlagen werden sollte, diese besser als *„Selbsttranszendierungen"*, in Abgrenzung zur *„Großen Transzendenz"*, zu benennen denn als Transzendenz an sich. Letztere hat für Menschen, die an Gott glauben, immer auch diese Dimension des ganz Anderen, Personalen, uns letztlich Entzogenen und doch ganz Nahen, dessen, was notwendig über uns hinausgeht. Daher tun Christinnen und Christen sich eigentlich selbst keinen Gefallen, wenn sie Religiosität bzw. Spiritualität, so wie sie sie verstehen, auch überall dort am Werk sehen, wo

Menschen in Abstand und Reflexion zu ihrem eigenen Leben gehen. Dies wird weder dem Eigenen gerecht noch den Menschen, auf die ein Bedürfnis oder eine Orientierung gleichsam projiziert wird, die faktisch nicht oder nur mit sehr viel gutem Willen und einem sehr weiten Verständnis von Religion feststellbar ist. Ehrlicher ist – und daher auch hilfreicher – das Eingeständnis, dass vielen Menschen heute *Transzendierungen* reichen und sie keine Veranlassung dazu sehen, zu jener *Transzendenz* durchzubrechen, die die monotheistischen Religionen „Gott" nennen.

Menschen suchen wenigstens nach Sinn, oder? Erste Begegnungen mit den „Nones"

In der angelsächsischen Diskussion taucht seit einiger Zeit im Zusammenhang mit Indifferenzen ein neuer Begriff auf: die *Nones*. Für sie sind Religion und Spiritualität sowie alles, was sich damit an Weltbildern und Wertvorstellungen verbindet, ein Niemandsland. Bei Untersuchungen kreuzen sie meistens die Antwort „Ich weiß nicht, was ich glauben soll" an. Sie sind daher dem Apatheismus nahe, und womöglich ist *Nones* die bessere Bezeichnung, weil sie die Indifferenz zugleich weiter als auf Religion beschränkt sieht. Sicher kann man über eine genaue Typologie streiten, was auch geschieht.[21] Dabei wird unter anderem darauf hingewiesen, dass keine religiöse Zugehörigkeit nicht gleich keine Religiosität bedeuten muss. Das ist sicher richtig. Zugleich sind, wie bereits im Vorwort belegt, jene privatisierten oder individualisierten Formen des Religiösen (Esoterik etc.) empirisch immer weniger nachzuweisen. Außerdem ist gerade bei Menschen, die zu keiner religiösen Gemeinschaft gehören, die religiöse Praxis am geringsten und die Vorstellungen von Gott oder etwas Transzendentem verblassen, insbesondere intergenerationell, nachweislich schnell.[22] Die *Nones* benötigen daher auch jene Institutionen nicht, die gesellschaftlich für diese Wirklichkeiten stehen. Zumindest werden die Kirchen nicht in dem Sinne gebraucht, wie sie sich selber verstehen, nämlich als Ort und Ermöglichung der Gottesbegegnung bzw. der gemeinsamen spirituellen Praxis. Alles andere, das vor allem die horizontale Dimension des menschlichen Lebens anspricht, wird weiterhin geschätzt. Daher ‚funktionieren' die pastoralen Bereiche ohne direkten oder mit nicht zwingend nötigem Transzendenzbezug immer noch am besten. Allerdings sind dezidiert religiöse Institutionen gerade in ihren horizontalen Funktionen ersetzbar, was auch immer häufiger geschieht. Auch dies kann man in säkularen Ländern mit einem weniger stark ausgeprägten Staat-Kirche-Verhältnis bzw. einer schwächeren institutionellen Gestalt der Kirche studieren.

Die *Nones* werden in Abgrenzung zu den lange und breit analysierten und beschriebenen *Seekers*, also Suchenden, beschrieben. Interessant ist, dass man sich mittlerweile eingesteht, dass die *Nones* eine ernst zu nehmende Gruppe darstellen, die zahlenmäßig diejenige der *Seekers* bereits übertroffen hat. Wenn es um eine dezidiert religiöse Suche geht, kann man diese sogar international nur noch bei 8 % heutiger Zeitgenoss:innen feststellen.[23] Außerdem sind die *Nones* im jüngeren Segment unter 40 sehr stark auf dem Vormarsch. Dabei analysiert man international einen sogenannten „Age Gap". Er bedeutet, dass die Eltern der heute unter 40-Jährigen religiöser waren, als es heute ihre Kinder im vergleichbaren Lebensalter sind.[24] Zugleich kann man den Typus der *Nones* für Deutschland, wie es oben ansatzweise versucht wurde, nochmals differenziert beschreiben: Die Phänomene reichen von einer grundsätzlich religionsfreundlichen über die benannte ausgesprochene kirchen- und religionskritische Perspektive bis hin zu einer völlig neutralen Haltung.[25]

Eine eindrucksvolle Stimme stammt in diesem Zusammenhang von Valerie Schönian. Sie ist deshalb so aufschlussreich, da man O-Töne religiös unberührter bzw. gleichgültiger Menschen naturgemäß selten hört. Was nicht wichtig ist, führt auch zu keiner Auseinandersetzung und daher liegt dazu selten eine ausformulierte Position vor. Die junge Berliner Journalistin Valerie Schönian, überhaupt nicht religiös aufgewachsen oder durch religiöse Fragen geprägt, war 2016 für einige Zeit Teil eines Experiments der Weltenbegegnung, indem sie mit einem jungen Priester in Münster dessen Alltagsleben teilte. Sie begleitete ihn sogar zum Weltjugendtag nach Krakau. Das Jahr war ein Kaltstart in Sachen Religiosität und Katholizismus. Am Ende schreibt sie: „Vielleicht könnte ich meinen […] Gefühlen weiter nachgehen und am Ende der Meinung sein, zu Jesus gefunden zu haben. Vielleicht würde es klappen, wenn ich mich dazu entscheiden würde. Aber ich tue es nicht. Weil ich mir selbst im Wege stehe. Mit meiner selbst gebauten Mauer. Und weil ich kein Bedürfnis in mir verspüre, sie zu überwinden."[26] Dieses Zitat scheint den Kern religiöser Indifferenz ziemlich gut auf den Punkt zu bringen: Das Bedürfnis fehlt, nicht nur der Wille. Auch steht kein übergroßer Zweifel im Weg. Religion kommt im Leben vieler religiös Gleichgültiger nicht substanziell vor. Dieser Umstand führt weder zu Verlustschmerz noch zu einem Vermissen. Religiöse Indifferenz bedeutet daher eine Leerstelle, die nicht vorschnell zu füllen oder zu überbrücken ist. Sie ist ein wirklicher Null-Ort, ein Ort, an dem nichts ist und nichts sein soll, weil dieses Nicht-Sein noch nicht einmal bemerkt wird.

Wer sich dies eingesteht, kommt allerdings nicht selten auf eine andere anthropologische Angel zu sprechen. Wenn schon klassische Religion, also Gott bzw. das Transzendente oder eine wie auch immer geartete Spiritualität nicht mehr zur Bedürfnispalette jedes Menschen gehören, dann doch zumindest das Bedürfnis nach Sinn. Jeder Mensch, so die Annahme, wolle, ja müsse dem eigenen Leben einen Lebenssinn geben. Zuweilen schickt man sich an, dieses Bedürfnis aufzudecken, um darin schließlich wiederum doch eine Art Gottessehnsucht zu dechiffrieren. Denn, Sinn muss doch auf Unendlichkeit setzen, sonst macht es buchstäblich keinen Sinn. Also ist sinnerfülltes Leben nur mit Ausgriff auf das Ewige, die Transzendenz und damit auf Gott möglich. Gottes Notwendigkeit wird so durch die Hintertür auch in einer säkularen Kultur wieder eingeführt.

Mittlerweile lässt sich allerdings bei Vielen empirisch nicht nur kein Gottes-, Transzendenz- oder Spiritualitätsbedürfnis feststellen; es ist auch zunehmend fraglich, ob auch jeder Mensch in seinem Leben nach umfassendem Sinn sucht.[27] Man könnte hier von einer Art ‚existentieller Indifferenz' sprechen. Das heißt nicht, dass es nicht phasenweise sinnvolle Dinge gäbe, für die Menschen sich einsetzen und die ihnen Erfüllung geben könnten. Man kann hier beispielsweise zwischen ‚meaning of life' als Gesamtkonzept und ‚meaning in life' unterscheiden. Sinn ergibt sich, ereignet sich, wird als selbst gemacht erlebt oder vereinzelt erfahren (‚meaning in life'), so dass Menschen sicherlich nicht generell auf ein Sinnerleben verzichten. Dies jedoch von außen als ein holistisches Konzept oder als ‚Sinnbezüge' zu bezeichnen und darin womöglich einen Türöffner für transzendente bzw. religiöse Bedürfnisse zu vermuten, könnte solche Phänomene überschätzen.

Dies gilt in diesem Zusammenhang auch für den Begriff der Selbsttranszendierung. Nicht jede Selbsttranszendierung sollte mit einem religiösen bzw. spirituellen, auch nicht mit einem Sinnbedürfnis verwechselt werden. Sowohl Studien aus Österreich wie aus den Niederlanden zeigen deutlich, dass sich das Phänomen des None-Seins nicht allein auf Fragen nach Transzendenz oder Gott bezieht.[28] Klar lässt sich zeigen, dass Menschen „außerhalb von Kirchen und Moscheen" – so der Titel einer der Studien – kein über das Hier und Jetzt hinausgehendes sinnerschließendes Bedürfnis zu unterstellen ist. Viele Menschen suchen nichts, was langfristig bzw. ganzheitlich mit dem benannt werden kann, was man landläufig „Lebenssinn" nennt. Einige Dinge im Leben müssen wohl sinn-voll sein, große Begriffe wie „Lebenssinn" oder „roter Faden Sinn" allerdings verbindet ein zunehmender Großteil gerade junger Menschen nicht mit ihrem Leben. Hier scheint die Zeit der großen Sinnerzählung auch und gerade auf Individualebene beendet zu sein. Leben ist episodisch und schenkt darin bestenfalls Erfüllung, macht im Idealfall auch noch Spaß. Alle anderen großen Fragen scheinen sich nicht zu stellen und bleiben daher unbeantwortet. Ein Interviewpartner der niederländischen Studie brachte es wie folgt auf den Punkt: „Mijn leven heeft absoluut geen zin, maar ik heb er wel zin in." Dieses Sprachspiel erschließt sich, weil man im Niederländischen *zin* als Sinn und Lust bezeichnet: „Mein Leben hat absolut keinen Sinn, aber ich habe total Lust drauf."

Die religionssoziologische Empirie zeigt also insgesamt, dass man theologischer- und kirchlicherseits vorsichtig sein sollte, anderen von außen Begriffe oder Bedürfnisse zu unterstellen oder diese gar auf sie zu projizieren, die sich lebensweltlich bzw. im alltäglichen Vollzug nicht nachweisen lassen. Dies führt bisweilen zu Reaktionen von moralischer Abwertung. In der Pastoral führt dies jedoch zu Frustrationen, nicht selten zu gegenseitigen Schuldzuweisungen („Ihr macht keine gute Arbeit") oder Protest gegen kirchliche Strukturen und Instanzen, die jene ‚gute Arbeit' verunmöglichen. Letztlich hat all das Anteil an der Krise, adressiert allerdings die Massivität der Transformation nicht.

Wenn die ‚großen Fragen' immer weniger gestellt werden

Jene Massivität ist mit den Phänomenen der Apatheisten oder *Nones* sicherlich nur anfänglich beschrieben. Wir stehen hier nicht nur vor Phänomenen, die zumindest in dieser Breite für unsere Epoche neu zu sein scheinen, sondern auch vor solchen, auf die wir gerade in Theologie und Kirche, ja vielleicht sogar in der Philosophie, völlig unvorbereitet sind. ‚Sinn' machen allenfalls einzelne, projektartige Aktionen, das Engagement für die Umwelt, der Gedanke an eine gute oder bessere Zukunft. Die großen, etwa durch Immanuel Kant an der Wiege der philosophischen Neuzeit formulierten Fragen, die jede:n unbedingt angehen sollen, scheinen innerhalb einer existentiellen Indifferenz keine wirklich tragende Rolle zu spielen: „Was kann ich wissen? Was soll ich tun? Was darf ich hoffen? Was ist der Mensch?" Immer mehr Menschen kommen gut durchs Leben, nicht nur ohne eine für sie passende Antwort darauf gefunden zu haben, sie stellen diese Fragen noch nicht einmal, und es fehlt ihnen nichts.

Sicherlich: Es ist empirisch immer davon abhängig, wo und wen man fragt. Etwa junge Menschen, die innerhalb eines dörflichen oder vor einem weithin christlichen Horizont sozialisiert sind, wissen auch heute mit den religiösen oder anderen weltanschaulichen Klassikern noch etwas anzufangen bzw. verbinden damit konkrete Vorstellungen. Insgesamt zeigt der internationale Trend jedoch, dass man es bei den religiösen, spirituellen bzw. existentiellen *Nones* mit einem Phänomen zu tun hat, das sich innerhalb sich stets mehr urbanisierender und digitalisierender Kulturen auf dem Vormarsch befindet.

Die Situation ist ernst und zugleich herausfordernd, weil sicher geglaubte Voraussetzungen unseres Denkens, Verkündigens bzw. über eine religiöse Bedürfnislage sich als empirisch nicht mehr zutreffend herausstellen. Sie führt in Fragen nach Relevanz, Diversität, Multioptionalität, ja letztlich nach dem Gottes- und Menschenbild, das wir unseren theologischen Diskursen ebenso wie den pastoralen Vollzügen zugrunde legen. Hierfür ist es wichtig, Phänomene noch besser, also in ihren prägenden Dynamiken und Mechanismen, zu verstehen. Dazu wird der Fokus im Folgenden auf religiösen Indifferenzen im Sinne der *Nones* und auf der Frage nach der Relevanz des Glaubens liegen. Gerade letztere bestimmt wesentliche Koordinaten dessen, was man unter dem benannten Paradigma der Transformation des Christentums – und darüber hinaus auch anderer transzendenzgestützter Religionen – zusammenfassen und beschreiben kann.

Säkularität 2 versus Säkularität 3

Die Religionssoziologen Detlef Pollack und Gergely Rosta haben in ihrer international weit beachteten Studie „Religion in der Moderne“ von 2015 (wiederaufgelegt 2022 und zwischendurch ins Englische übersetzt) mehrere Mechanismen identifiziert, die säkularisierende Phänomene erklären helfen. Zwei dieser Mechanismen, für deren empirische Evidenz aus Sicht der Forscher sehr viel spricht, entsprechen auf besondere Weise den oben hergeleiteten Säkularitätstypen

Charles Taylors. Zum einen der *Konfliktmechanismus*. Er entspricht lebensweltlich den Prozessen, die oben bei Taylor unter dem Stichwort „Säkularität 2“ beschrieben wurden. Die Forscher schreiben: „Es korrelieren [beim Konfliktmechanismus; J. L.] postmaterialistische, auf Selbstbestimmung und Selbstverwirklichung setzende Werthaltungen sowie individualistische Formen der Lebensführung [...] mit Tendenzen der Distanzierung vom kirchlichen Leben und vom christlichen Glauben.“[29] Unschwer zu erkennen sind dies die Distanzierungsformen, die ‚laut‘ vonstattengehen. Menschen geraten buchstäblich in Konflikt mit den Haltungen und Perspektiven der Kirchen bzw. den Erwartungen ihrer Religion, können bestimmte Dinge nicht mehr nachvollziehen oder stören sich an manifestem kirchlichen Fehlverhalten, das sie nicht länger mit ihrer Mitgliedschaft unterstützen möchten. Gerade in Fragen sexueller Selbstbestimmung – man denke an die Konflikte um die „Pillenenzyklika“ *Humanae vitae* – oder in Fragen der Anerkennung einer Diversität von Lebensformen lassen sich die meisten Menschen heute ihre Entscheidungs- und Meinungsfreiheit nicht mehr nehmen. Oft zeigt sich ein solcher Konflikt in einer immer stärkeren Distanzierung und endet schließlich im Setzen eines deutlichen Willensaktes, wie er beispielsweise im Kirchenaustritt seinen Ausdruck findet.

Neben diesen sehr vertrauten und bekannten Mechanismus tritt allerdings ein anderer, eher leiser: die stille Abwanderung auch bei guter Qualität oder einem ansprechenden Gemeindeleben, die als Ausdruck von zumeist religiöser Indifferenz verstehbar wird. Dazu schreiben Rosta und Pollack in zwei längeren Textabschnitten: „Oft steht hinter der Abwendung von Religion nicht eine bewusst vollzogene individuelle Wahl, sondern lediglich eine Aufmerksamkeitsverschiebung. Wenn der Einzelne nicht am Gottesdienst teilnimmt, wägt er oft nicht ab. Vielmehr hat er […] einfach anderes zu tun. Gute kircheninterne Gründe, dem Gottesdienst fernzubleiben, etwa schlechte Predigten oder störender Gesang, spielen für ihn keine zentrale Rolle. Ausschlaggebend ist es, dass es für ihn etwas Wichtigeres als den Gottesdienst gibt. Die mit der Konzentration auf anderes verbundene Aufmerksamkeitsverschiebung kann so weit gehen, dass dem Einzelnen der Gottesdienstbesuch schließlich gleichgültig wird und er über einen möglichen Kirchbesuch gar nicht mehr nachdenkt. Die *Distraktion* von religiösen Aktivitäten ist dann ein Ausdruck religiöser Indifferenz. […] Für die Wirksamkeit dieses kausalen Mechanismus gibt es einige empirische Evidenz. […] [Die Empirie; J. L.] weist darauf hin, dass hinter der Nichtteilnahme oft nicht eine bewusste Entscheidung steht, sondern ein pragmatisches Desinteresse […].“ Und: „Die Abwendung von der Kirche vollzieht sich hier nicht als Ergebnis einer rationalen Kosten/Nutzen-Abwägung, sondern praktisch, lautlos, unreflektiert und geradezu automatisch, als eine Abstimmung mit den Füßen, die sich einfach nicht mehr in Bewegung setzen wollen. Aus dem lautlosen Charakter dieses Abschieds erklärt sich, warum die Distanzierung […] mehr von äußeren Faktoren als vom Handeln der Kirche beeinflusst ist, warum die Kirchen auf so bemerkenswerte Art und Weise diesen Absatzbewegungen machtlos ausgesetzt sind […]. Nicht als kämpferische Auseinandersetzung erfolgt hier die Distanzierung […] und primär auch nicht als rationale Wahl […]. Vielmehr unterliegt sie vor allem den Gesetzen der Schwerkraft.“[30]

Dieser Mechanismus ist, da er keine Lobby für sich in Anspruch nimmt und Menschen hier keine Leserbriefe oder Blogbeiträge verfassen, empirisch nicht leicht zu fassen. Distraktion (der englische Begriff für ‚Ablenkung‘) wurde insbesondere während der Corona-Zeit greifbar, als viele sich den Kirchgang abzugewöhnen schienen. Sie korreliert überdies schon länger mit den benannten Erfahrungen vieler pastoral Engagierter: Auch bei noch so großer Dankbarkeit – etwa in der Sakramentenpastoral oder bei Kasualien – scheint der Funke des Evangeliums im Sinne eines Lebensprogramms nicht überzuspringen.

Mit der Beschreibung des Distraktionsmechanismus erhalten viele pastorale Situationen und Erfahrungen ein empirisch belastbares Äquivalent. Erklärbar werden könnte ein solcher, gleichsam wie von selbst erfolgender Mechanismus etwa durch die Konzeption der Säkularität 3 bei Charles Taylor. Menschen haben heute vielfach, unter anderem als Ergebnis jahrhundertealter Prozesse, ein anderes Verständnis von dem, was sie zu einem erfüllten Leben brauchen.

Insgesamt ist es an dieser Stelle wichtig, nun die Korrespondenz zwischen der Religionssoziologie und ihren empirischen Ergebnissen und den obigen Deutungen von Charles Taylor zusammen zu sehen: Kirche und Theologie nehmen einen Konfliktmechanismus wahr, der auf der Ebene der Säkularität 2 zu verorten ist und der etwa den Widerstreit von Glaube und Vernunft reflektiert. Das Problem liegt allerdings auch auf einer anderen Ebene: Säkularität 3, die das Irrelevantwerden des Glaubens auf Individualebene in historischer Pfadabhängigkeit beschreibt. Ihr entspricht u. a. der Distraktionsmechanismus. Er führt nach allem, was empirisch nachweisbar ist, in die religiöse Indifferenz; fast wie ein Automatismus, dem man ohnmächtig zuschaut. Seelsorger:innen, die den Distraktionsmechanismus theoretisch erläutert bekommen, wissen sehr viele lebendige Anschauungsbeispiele aus ihrer Praxis dazu zu berichten. Er macht auch den oben erwähnten Zusammenhang einer Nicht-Kausalität zwischen ‚pastoraler Qualität' und ihren zumindest in den meisten

Fällen nicht direkt festzustellenden Effekten anschaulich. Mögliche Gründe dafür, dass die Ablenkung (Distraktion) so umstandslos gut zu funktionieren scheint und einen wesentlichen Faktor gegenwärtiger säkularisierender Tendenzen ausmacht, werden unten unter dem Stichwort ‚Erlösung' erläutert werden. Vorher sollen noch weiter vertiefend und ergänzend die bis hierher beschriebenen Prozesse angeschaut werden. Dies geschieht unter den Stichworten ‚personales Gottesbild' und ‚schwammige Religion'.

Je weniger personal, desto weniger relevant: das driftende Gottesbild

Um diesen Prozessen ein wenig mehr auf die Spur zu kommen, lohnt es sich, die obigen Stichworte ‚Selbsttranszendierung' und ‚Spiritualität' nochmals aufzunehmen. Sie können helfen, das Irrelevantwerden eines personalen Gottesverständnisses bei immer mehr Zeitgenoss:innen zu beschreiben. Vorausgesetzt ist hierbei der bereits hergeleitete Zusammenhang, dass gerade bei der innerkirchlich immer noch sehr dominanten Individualisierungsthese („Glaube verschwindet nicht, wandert nur aus der Institution aus") mit Religion jegliche Weise menschlicher Selbsttranszendierung gemeint ist, also auch weniger personale oder gar keine Transzendenzvorstellungen. ‚Spiritualität' wird dann häufig auch als eine der prominentesten Weisen der Selbsttranszendierung aufgefasst.

Der bereits erwähnte Religionssoziologe Detlef Pollack fragt vor diesem Hintergrund, was es konkret, insbesondere quantitativ, mit dem, was man landläufig ‚Spiritualität' oder spirituell-religiöse Suche nennt, auf sich habe.[31] Er beschreibt, wie sich die Zahl derer, die an einen Gott glauben, in Westdeutschland seit 1945 von 90 % auf 60 % reduziert habe. Der springende Punkt dabei ist allerdings, dass nur noch eine Minderheit, 20–25 %, sich Gott als Person vorstellt und in diesem Sinne an einen Gott glaubt, wie ihn die Kirche verkündet und die Theologie reflektiert. Für doppelt so viele Menschen ist Gott eine Energie, ein Etwas, wenig konkret bestimm- und erfahrbar.[32] Solche „verflüssigten Transzendenzvorstellungen“ sind nun insofern interessant, weil sie die Frage aufwerfen, inwiefern sie mit dem identisch sind, was man gemeinhin ‚Spiritualität‘ bzw. religiöse Suchbewegungen nennt. Auch hierzu präsentiert Pollack Zahlen: Diejenigen, die sich als spirituell, aber nicht religiös bezeichnen und von daher auch keiner Glaubensgemeinschaft angehören, liegen in Westdeutschland bei 5–20 %. In der Gesamtschau schlussfolgert Pollack daher, dass „eines der wichtigsten Merkmale areligiöser Spiritualität – der Glaube an eine unbestimmte höhere Macht – mit einer geringeren Relevanz von Religion im Leben von Einzelnen einhergeht. Diejenigen, die Gott als ein personales Gegenüber ansehen, bestätigen deutlich häufiger, dass ihr Glauben einen Einfluss auf ihre Erziehung, ihre Kinder, auf ihre Partnerbeziehung, ihre politischen Meinungen sowie ihre Arbeit und Freizeit hat, als die Gruppe derer, die Gott als höheres Wesen oder höhere Macht, nicht aber als Person sehen. Der gleiche Zusammenhang tritt auf, wenn es um Spiritualität sowie um außerkirchliche Formen der Religiosität wie New Age, Anthroposophie, fernöstliche Weisheiten oder Mystik geht. Auch da zeigt sich, dass Anhänger der Esoterik und des Spiritualismus dem religiösen Lebensbereich sowie der religiösen Kindererziehung eine deutlich geringere Bedeutung beimessen als Kirchgänger, Gottesgläubige im traditionellen Sinne und regelmäßig Betende.“[33]

Diese empirischen Daten bestätigen somit zumindest für Westdeutschland, dass außerreligiöse bzw. -institutionelle Spiritualität nicht eine emanzipierte Form freien Gottesglaubens ist, sondern mit diesen diversen und vielfach privatisierten Formen, deren Vorkommen sich bereits in keiner Weise als Massenphänomen zeigt, ein Abschwächen des personalen Gottesbezugs einhergeht und diese Veränderungen als wesentliche Schritte auf dem Weg zur persönlichen Irrelevanz von Religion als existenzdurchdringender und lebensbestimmender Richtgröße interpretierbar werden.[34] Pollack deutet eben diese Prozesse ebenfalls als Transformation, wenn er schreibt: „Mit der Transformation des Religiösen von christlich bestimmenden Gottesvorstellungen hin zu entdogmatisierten Alternativformen scheint seine Bedeutungsabnahme unmittelbar verbunden zu sein."[35] Formen von alternativer, nicht-institutioneller Spiritualität sind folglich in den meisten Fällen nicht personal-theistisch grundiert und zeigen sich vielfach als intergenerationelle Vorformen zur Areligiosität.[36] Mit diesen empirischen Daten kann dem Distraktionsmechanismus noch mehr Anschaulichkeit gegeben werden. Er lässt sich als Weg hin zur religiösen Gleichgültigkeit deuten, gerade wenn er in seiner intergenerationellen Dynamik angeschaut wird.

Dies tut der Sache nach der britische Sozialwissenschaftler David Voas.[37] Er teilt religiöse Phänomene in Großbritannien grob in drei Gruppen ein: eine starke Religiosität, eine schwammige und keine Religiosität. Für bis zu 25 % Prozent markiert Voas eine deutliche religiöse Relevanz, die mit der Vorstellung eines personalen Gottesbildes einhergeht, mit der Zustimmung zu christlichen Glaubenslehren und Werten. Weitere ca. 25 % sind dem areligiösen Lager zuzuordnen, also dem, was oben als Apatheisten bzw. *Nones* beschrieben wurde. Die größte Gruppe sind jedoch die *fuzzy believers*, also diejenigen mit einer „schwammigen“ Religiosität. Sie bezeichnen sich als *irgendwie* gläubig, bejahen auch einige Glaubenslehren, insgesamt allerdings ist ihr Glaube unkonkret. Voas stellt ebenso wie Pollack Aussagen wie „höhere Macht“, „Energie“ oder ähnliche Vorstellungen fest. Die Pointe an diesen Untersuchungen zu einer *fuzzy religiosity* ist, dass Voas sie mit einer Richtungsangabe verbindet, die etwa aktuell durch eine Schweizer Studie bestätigt wird. Man nennt es dort „Kohortensäkularisierung“:[38] Intergenerationell wird Religion als relevanter Lebensvollzug geringer. Etwas vereinfacht gesagt: Wer sich heute etwa Gott als Person vorstellt, also eine theistisch-personale Gottesvorstellung hat, dessen Kinder werden mit nicht geringer Wahrscheinlichkeit *fuzzy believers* und deren Kinder könnten zu großen Teilen fast wie selbst und unhinterfragt jede religiöse Vorstellung verloren haben. *Fuzzy* könnte hier das meinen, was oben Spiritualität genannt wurde: eine abgeschwächte Form starker religiöser Vorstellungen, die allerdings durch Voas und andere mit einer deutlichen intergenerationellen Richtungsanzeige verbunden werden.

Für Deutschland kommt das Allensbach-Institut Ende 2021 interessanterweise zu vergleichbaren Ergebnissen. Dort heißt es zusammenfassend: „Man bekommt den Eindruck, dass sich die Erosion des Christentums in drei Stufen vollzieht: Zuerst verlieren die Menschen den Glauben an die wesentlichen Inhalte des Christentums. Dieser Prozess ist inzwischen weit fortgeschritten, nur noch eine Minderheit bekennt sich zu den zentralen Inhalten der christlichen Lehre, und nur jeder Zehnte fühlt sich einer der christlichen Kirchen eng verbunden. Erst nach dieser inneren Abwendung folgt in einem zweiten Schritt der Kirchenaustritt. [...] Der dritte Schritt ist die Abwendung von der christlichen Kulturtradition, doch diese wird auch ohne die religiöse Fundierung zumindest eine gewisse Zeit lang weitergepflegt und wertgeschätzt."[39]

Die verschiedenen empirischen Daten zeigen somit mindestens zweierlei: Einmal ist aller Voraussagekraft und Wahrscheinlichkeit nach die religiöse Gleichgültigkeit nicht nur ein für die Zukunft von Religion substantiell wesentliches, sondern auch quantitativ deutlich und rasch zunehmendes Phänomen. Gerade wenn es um distrahierende Prozesse geht, ist man dem kirchlicherseits in den meisten Fällen machtlos ausgeliefert. Theologie und Kirche verstehen Säkularisierung allerdings vor allem als Konflikt und im Sinne des oben beschriebenen Konfliktmechanismus: Moderne Werte, vernünftige Einsichten oder naturwissenschaftliche Erkenntnisse oder andere Inkompatibilitäten, wie auf dem Gebiet der Moral, verunmöglichen den Glauben. Alle kirchlichen und theologischen ‚Gegenmittel' spielen sich auf dieser Ebene ab. Letztlich akzeptiert man damit unbewusst die alte Säkularisierungsthese (Subtraktionsgeschichte bei Taylor). Die bis hierhin nun tiefer beschriebenen Phänomene liegen allerdings gerade in ihrer distrahierenden Dynamik auf Ebene der taylorschen Säkularität 3. Das macht sie reizvoll und komplex zugleich.

In Teil C soll tiefer veranschaulicht werden, welche Gründe diesem säkularisierenden Driften zugrunde liegen könnten. Zuvor – in Teil B – werden allerdings pastoraltheologische Beobachtungen zum praktischen Umgang mit diesen Phänomenen in den Vordergrund rücken.

B Pastoraltheologische Beobachtungen inmitten des Relevanzverlustes

Die schmerzhafte Einsicht: Pastorale Qualität ist kein Garant für den ‚Erfolg'

Zu Beginn der pastoraltheologischen Reflexion soll die bereits aufgeworfene Frage nach einer Nicht-Kausalität stehen, die als Subtext viele pastorale Bezüge prägt. Sie ist unter anderem eine Konsequenz aus den oben hergeleiteten Zusammenhängen. Am besten kann man sich ihr an dieser Stelle narrativ bzw. biografisch nähern. Vielfach werden Seelsorgende auch nach einem Stellenwechsel häufig noch für eine Begleitung von Kasualien angefragt. Das geschieht meistens durch diejenigen, mit denen man während der eigenen Zeit in der Pfarrei/Gemeinde zu tun hatte. Als Kaplan traut man so idealerweise einige Zeit nach dem Abschied die ehemaligen Obermessdiener:innen, Ferienlagerleiter:innen, Firmkatechet:innen etc. und tauft noch später deren Kinder. Wenn man bei solchen Feiern, meistens zu späterer Stunde, auf die eigene Zeit des kirchlichen Engagements zu sprechen kommt, wird ein interessanter Gegensatz deutlich. Viele sind dankbar für die Zeit, die man als Ehrenamtliche:r in und mit der Kirche verbracht hat. Man denkt gerne daran zurück und weiß sehr viel Positives und Prägendes zu berichten. Allerdings fällt dann nicht selten der Satz: „Aber ehrlich gesagt, ich war seit Jahren nicht mehr in der Kirche." Zugleich steht man etwa der Taufe der eigenen Kinder positiv gegenüber, weil sie dieses ‚tolle Angebot' ja auch genießen bzw. erleben können sollen. Man hat allerdings für sich selbst im Laufe der Jahre andere Themen oder Relevanzen entdeckt, die sich eher in den Fokus der Aufmerksamkeit geschoben haben. Daher vermisst man den Glauben auch nicht. Wenn er je wie auch immer da war (und dies ist in keiner Weise abwertend gemeint), ließ sich leicht von ihm ablenken.

Eine weitere Erinnerung bezieht sich auf die Rückmeldung zu Taufen, Trauungen oder Beerdigungen seitens kirchenferner Menschen. Auch hier gilt: Wenn man nicht alles falsch macht, sind viele Menschen für eine gute Begleitung oder einen schönen Gottesdienst dankbar und äußern dies auf vielfältige Weise. Nicht selten fällt dann der Satz: „Wenn es immer so schön wäre, würde ich auch öfter kommen." Leider hat diese Aussage keine empirische Triftigkeit. Aus Umfragen wissen wir schon länger, dass es vor allem die biografischen Selbstthematisierungen des eigenen Lebens sind (Familie, Freunde, Netzwerk), die während der Kasualien rituell und narrativ artikulierbar werden.[1] Sie bewirken die emotionale Beteiligung und das Gefühl, dass etwas ‚gut' war. Dies ist jedoch eine sehr spezielle, singularisierte Feierform, die sich in normalen Gottesdiensten nicht immer ermöglichen lässt. Mehr noch: Eigentlich steht sie dem Anliegen eines Gemeindegottesdienstes entgegen.

Die Diskrepanz, die sich an diesen und vergleichbaren Beispielen zeigt, ist schmerzhaft. Trotz großen Engagements, trotz einer dezidiert positiven Kirchenerfahrung hält sich die Bindungskraft in Grenzen. Wir wissen etwa aus der eingangs erwähnten Sechsten Kirchenmitgliedschaftsuntersuchung der Evangelischen und Katholischen Kirche in Deutschland (KMU VI) von 2022/23,[2] dass dies auch für religiöse Einstellungen gilt. Außerdem wirken sich kirchliche Kontakte, mit denen man in Deutschland gerade in ihrer Diversität pro Jahr derzeit 70 % aller Bundesbürger (!) erreicht und die zu großen Teilen positiv bewertet werden, nicht messbar auf religiöse Einstellungen aus. Vergleichbares gilt für alles im Bereich der sogenannten „Präsenzpastoral".[3] Kirchlich als positiv erlebtes Engagement steht daher in den meisten Fällen nicht in positiver Relation zum Glauben an Gott bzw. an ein Leben nach dem Tod. Beides ist sowohl bei ehemals Engagierten wie nicht-Engagierten gleich wenig vorhanden. Man könnte es auf die für viele bittere Einsicht bringen: *Pastorale Qualität und Religiosität stehen nicht zwingend und immer weniger in einem kausalen, sich bedingenden Zusammenhang*. Zugleich ist eine aktive Zugehörigkeit zu einer Glaubensgemeinschaft mittel- bis langfristig die Voraussetzung dafür, dass zumindest einige wenige den Glauben als Lebensprogramm wählen, was ohne diese Zugehörigkeit wahrscheinlich nicht der Fall wäre. Das macht den Zusammenhang komplex, um nicht zu sagen dialektisch.

Für viele Seelsorgende setzt das Gefühl ‚pastoraler Vergeblichkeit' an genau diesem Punkt an. Sie fühlen sich nutzlos, fragen nach den Gründen. Dass es nur an der Kirche liegt, kann nicht sein, denn diese spielt in Gesprächen etwa zu Kasualien fast nie eine Rolle. Im Gegenteil, der Seelsorge vor Ort – ob territorial oder kategorial – wird, ganz im Gegensatz zur ‚Institution Kirche', bescheinigt, dass sie im Großen und Ganzen einen „guten Job" macht. Umfragen wie zuletzt die KMU VI zeigen sogar, dass viele derjenigen, die nicht zum Segment der „Geschlossenen Säkularen" gehören, eigentlich sehr dankbar für die Existenz der Kirche sind und sie gesellschaftlich nicht missen möchten. Tragisch sehen sie das institutionelle Versagen auf anderen Ebenen. Wegen ihres gesellschaftlichen bzw. gemeinwohlorientierten Wirkens bleibt man vielfach auch in der Kirche. Aber als Institution, die den eigenen Glauben ermöglicht oder ‚das Heilige' erlebbar werden lässt, wird die Kirche weniger gebraucht.[4] Die Erklärung für diese Kränkung, die ursächlich ausnahmsweise nicht ausschließlich auf kirchliches Fehlverhalten zurückzuführen ist, wird bisweilen bei ‚den Menschen' gesucht. Für manchen zeigen sie sich undankbar oder vielleicht sogar unwürdig, weil sie die Qualität der eigenen Arbeit nicht zu schätzen wissen.

All diese Begründungen laufen allerdings ins Leere. Es ist wahrscheinlich an der Zeit einzugestehen, dass der Glaube bzw. Religion an sich, ja sein Angebot, das einen Unterschied machen will, von immer mehr Menschen nicht mehr gebraucht werden. Rituale, die man narrativ auflädt, sind sehr willkommen, ebenso wie kirchliches Engagement auf vielen gesellschaftlichen Feldern (vgl. dazu unten Abschnitt D). Der Kern des Christentums, der unten mit dem weiten theologischen Begriff der ‚Erlösung' umrissen werden wird, füllt offensichtlich in der Bedürfnisskala von immer mehr Menschen im 21. Jahrhundert keine Lücke mehr.

Diese Gedanken führen zu einer weiteren Kränkung: Die Kirche ist nicht mehr für alle und alles zuständig. Theologisch steht damit der christliche Universalismus infrage. Er läuft offenbar lebensweltlich ins Leere. Wenn jedoch dieses „für alle" empirisch nicht mehr zutrifft, hat das direkte pastorale Konsequenzen.

Pastoral nur vom „Sender" her denken?

Was ein vorausgesetzter Universalismus eines Angebots pastoral bedeutet, lässt sich in einem ersten Schritt sehr schön anhand der sehr häufig sichtbar werdenden, allerdings pastoraltheologisch zugleich wenig reflektierten „Sender/Empfänger-Prämisse" verdeutlichen. Zuvor ist allerdings ein kurzer gedanklicher Schritt zurück angezeigt, der eine Analyse des Zeitkontextes versuchen möchte, in welchem diese Sender/

Empfänger-Prämisse unter den Vorzeichen der Moderne innerhalb der Kirche entstanden ist.

Was bis hier versucht wurde, ist eigentlich nichts anderes als eine mehr oder minder schonungslose Analyse von Umständen und Kontexten, die zur Zeit des Zweiten Vatikanums zumindest in dieser Massivität noch nicht abzusehen waren. Dennoch weiß sich ein solches Wahrnehmen der pastoralen Option des Konzils verpflichtet: Freude und Hoffnung, Trauer und Angst der Menschen von heute (!) als theologischen Erkenntnisort ernst zu nehmen. Dieser Ansatz des konziliaren Aggiornamento ist ein dauerndes, dynamisierendes Aufputschmittel, sich wirklich im Heute mit seinen vielschichtigen und diversen Lebensbezügen zu verorten. In diesem Sinne konziliar zu sein bedeutet, das Konzil mithilfe seiner eigenen Grundlegung stets neu weiterzudenken und niemals in einer Epoche steckenzubleiben bzw. allein sie für maßgeblich zu halten. Dies gilt auch und gerade für die Konzils- und direkte Nachkonzilszeit selbst. In dieser Zeit stellte man auf eine Sender/Empfänger-Logik in der Pastoral um. Hierbei setzte man fraglos voraus, dass der Empfänger immer eingeschaltet und auf Empfang sei, man lediglich die richtige Frequenz finden müsse, damit die Botschaft ankomme. So hat sich die Pastoral während der vergangenen Jahrzehnte vervielfacht, für jede Hörfrequenz sollte etwas dabei sein. Dieses Ansinnen ist sehr lauter und hat in der Konsequenz dazu geführt, dass die Kirchen das Evangelium auf sehr vielfältige Weise in der Gesellschaft präsent halten konnten. Zugleich gab und gibt es bis heute unglaublich viele Sendefrequenzen und gleichzeitig wird die Frage nach der Beschaffenheit und den Bedürfnissen konkreter Empfänger:innen wenig gestellt. Eine Wahrnehmung komplexer Indifferenzphänomene könnte allerdings dazu führen, dass bei Fragen der sogenannten Glaubenskommunikation auch die

Adressatenseite stärker berücksichtigt wird, damit man nicht etwas voraussetzt, was nicht ist. Denn auf diese Weise holt man sich mehr Selbstzweifel und Frustrationen ins Haus, als eigentlich nötig wäre. Um nicht missverstanden zu werden: Es geht in keiner Weise darum, das Senden gerade in seiner Vielfältigkeit einzustellen. Nur, irgendwann wird man sich auch in Deutschland aufgrund begrenzter finanzieller Mittel und personeller Ressourcen die Frage stellen müssen – um im Bild zu bleiben –, auf welchen Frequenzen man weitersenden möchte, und dazu ist eine erneute Analyse des Sender/Empfänger-Verhältnisses unerlässlich. Es könnte auch wertvolle Unterscheidungen und Kriterien für diejenigen Prozesse bereithalten, die unweigerlich in den nächsten Jahren anstehen. Denn nach allem, was sich prognostizieren lässt, wird es unter anderem zu ‚pastoralen Verteilungskämpfen' kommen, bei denen entschieden werden muss, welcher pastorale Bereich, Ort oder welches Konzept weiter mitgeführt wird und welcher/s nicht. Bei der Entscheidung zwischen Prioritäten und Posterioritäten, die geringer werdende finanzielle Mittel sicherlich sehr bald erzwingen werden, könnten sich aus einer solchen Analyse wichtige Orientierungen und Kriterien gewinnen lassen. Hier kann und muss es zur Umkehrung der Sender/Empfänger-Rollen kommen: Zunächst zu hören, was der Empfänger an Botschaften und Bedürfnissen aussendet (oder auch nicht), wird eine wesentliche Umstellung sein, die einerseits die Not fordern könnte und die zugleich das konziliare Erbe lebendig hielte. Ansätze dazu sollen im letzten Teil dieses Bandes angedacht werden.

Pastoral nach den Maßstäben der Babyboomer: die Generationenperspektive

Wenn es um eine Analyse heutiger Reaktionen auf die oben beschriebenen soziokulturellen Koordinaten geht, ist neben der Analyse von Prämissen, die während der Konzilszeit und in ihrem Windschatten entstanden sind, auch der mentalitätsprägende Zeitkontext jener Jahrzehnte interessant. In der Soziologie versucht unter anderem Heinz Bude mithilfe des Generationenbegriffs wesentliche Koordinaten herauszuarbeiten, die milieuübergreifend für Angehörige bestimmter Generationen deren Blick auf die Welt modelliert haben.[5] Da ist einmal die „Flakhelfer-Generation“:[6] Zu ihr zählen als berühmteste Vertreter etwa Jürgen Habermas, Johann Baptist Metz oder Joseph Ratzinger. Sie wurden Ende der 1920er Jahre geboren und in Ermangelung älterer männlicher Soldaten als Jugendliche für den Abwehrdienst an der Flak rekrutiert. Ihr Lebensprogramm nach dem Krieg bestand unter anderem darin, alles dafür zu tun, dass die große Katastrophe von Holocaust, Naziregime und Zweitem Weltkrieg „nie wieder“ möglich wird – freilich im Fall von Habermas und Ratzinger auf sehr unterschiedliche Weise. Die Nachfolgegeneration der „Ruinenkinder“ (geboren in den 1930ern, 40ern bis in die frühen 50er) schließt hier an: Für sie steht der materielle und ideelle Wiederaufbau, unter anderem mit Mitteln der Theoriebildungen auf der Linie der Frankfurter Schule, im Mittelpunkt. Als nächste Generation folgen die Babyboomer (in Deutschland etwa von Mitte der 1950er bis in die Mitte der 1960er geboren):[7] Sie sind erste Kinder des Wohlstands und treten das Erbe des vor allem ideellen Wiederaufbaus Deutschlands und Europas an. Sie sind es, die derzeit im Zusammenhang der Klimadiskussion stark unter

Kritik der sogenannten Generation Z stehen. Hier soll allerdings eine pastorale Generationenperspektive eingenommen werden. Geprägt werden die Babyboomer von den direkten Auswirkungen der „zweiten Gründung der Bundesrepublik", die man in historischen Wissenschaften in den 1960er Jahren verortet. Deutschland stellt sich – etwa in den Auschwitzprozessen – endlich seiner Vergangenheit und bezieht sich in jener „zweiten Gründung" demokratietheoretisch unter anderem stark auf die „Frankfurter Schule". In der Kirche finden das Konzil und später die ersten Nationalsynoden statt, die unter anderem diese demokratietheoretische Grundlegung auch für die Kirchengestalt einholen möchten. In dieser Zeit wachsen die Babyboomer auf. Sie erleben die Reformulierung des Christlichen nach den Katastrophen autoritärer Herrschaften mithilfe moderner und demokratischer Standards. Vor allem aber – und dies ist pastoraltheologisch von hoher Relevanz – sind sie soziologisch durch die Erfahrung von Masse geprägt. Sie waren immer und überall (zu) viele:[8] in der Schule, auf dem Arbeitsmarkt, in der Gemeinde. Sie sind es gewohnt, für ihre Anliegen argumentativ einzustehen oder strategisch zu kämpfen. Wenn man dies auf pastorale Verhältnisse überträgt, zeigen sich die ‚Vielen' als wichtiges Erfolgs- und Qualitätskriterium. Zugleich sollte Glaube individuell lebbar sein und seinen authentischen Ausdruck finden können. Für die Erfüllung dieser beiden, sich widerstreitenden Erwartungen wurde gerade im deutschen Sprachraum die ‚Gemeinde' zum monopolisierten Kirchenbild und damit zum Idealort stilisiert. Von der Erfahrung einer volkskirchlichen Total-Verkirchlichung der ganzen Gesellschaft bzw. blühenden Gemeindekirchlichkeit geprägt, tritt dieses Erlebnis vermutlich bei vielen heute die Kirche Leitenden hinzu: Gut ist es, wenn es viele anzieht. Quantität ist Qualität. Und deshalb muss die Umdrehung dieser Gleichung auch stimmen: Wenn wir gut sind, werden wir wieder viele. Im ersten Teil war gezeigt worden, dass dies empirisch nicht stimmt. Eben dies führt zur Frustration – allerdings nicht nur bei den Babyboomern.

Wer sich nun innerhalb der kirchlichen Landschaft des deutschen Sprachraums umschaut, wird schnell merken, dass auch die bisher prägenden Gestalten sowohl bei Bischöfen und Laien, in Bistumsleitungen und Generalvikariaten oder Verbänden, in Protestbewegungen oder kirchenpolitischen Zirkeln zu großen Teilen Babyboomer sind. Ihre Weise, Probleme zu adressieren und zu bearbeiten, liegt auf der Ebene rationaler bzw. argumentativer Lösungen. Zumeist ist die Logik der Babyboomer innerhalb des Optimierungsparadigmas verortet. Entkirchlichung wird – um das oben entwickelte Vokabular aufzugreifen – als Subtraktionsgeschichte, also als Konflikt zwischen Glauben und Moderne auf Ebene der Säkularität 2 definiert und verhandelt. Alle, die jene Problemlösungsstrategien bzw. Kirchlichkeitsweisen, die in diesem Generationenfenster gebildet wurden (Stichwort: Gemeinde), in späteren Generationen übernehmen, bleiben für diese schrumpfende Kirchlichkeitsform anschlussfähig. Andere melden sich aus anderen Gründen ab und stehen schon in der zweiten oder dritten Generation für jene Phänomene distanzierter Kirchlichkeit bzw. für Indifferenzen, wie sie oben beschrieben wurden. Einige, wenigere finden sich in kirchlichen Gruppen bzw. geistlichen Gemeinschaften, etwa in jenen, die einen konservativen oder spirituellen Gegenentwurf zur Kirche der Nachkonzilszeit bilden. Das kirchlich prägende Paradigma bleibt allerdings zumindest für Deutschland jenes der Babyboomer und der zweiten Gründung der Bundesrepublik, welches Kirche und Gesellschaft wenn nicht für deckungsgleich, so doch zumindest idealerweise als in produktiver Korrespondenz stehend für denkbar hält. Diesem Leitbild sollen unter anderem Kirchenreformen dienen, die fraglos insbesondere durch den Missbrauchsskandal eine neue Plausibilität, Dringlichkeit und Evidenz erhalten. Daher ist es auch nicht verwunderlich, dass sich dieses Paradigma auf dem Synodalen Weg wiederfindet, was römische Stellen befremdet. Sie verstehen diese Weise des aus einem Grundgedanken der Emanzipation verstandenen Kircheseins zumeist nicht, weil es außerhalb des deutschen Kulturraums schwerfällt, ihr historisches Gewordensein innerhalb der spezifischen Kontexte der deutschen Geschichte (hier spielen sicherlich auch das Erbe der Reformation, des Idealismus und der organisierte Laienkatholizismus eine wichtige Rolle) nachzuvollziehen.[9]

Die Dominanz der Oblaten

Wenn es um Personen bzw. Personal und deren bzw. dessen Prägekraft geht, sind außerdem weitere Erkenntnisse aus Referenzwissenschaften wie Soziologie oder Politikwissenschaft interessant. Zunächst ist hier eine Typisierung des französischen Soziologen Pierre Bourdieu nennenswert. Er hat in einer aufschlussreichen Untersuchung die Herkunft französischer Bischöfe seit der französischen Revolution analysiert.[10] Waren es im 19. Jahrhundert vor allem Adelige, wechselt diese Auswahl seit dem 20. Jahrhundert zu Bischöfen bürgerlicher Herkunft. Was bezüglich der Breite und Gerechtigkeit der Auswahl durchaus erfreulich ist, analysiert Bourdieu jedoch als einen Wechsel des Habitus. Er kommt schließlich zu einer Typologie von Erben und Oblaten. In ihr kann auch ein Bürgerlicher ein Erbe sein. Was entscheidend ist, zeigt sich am Kapital, über das jemand verfügt. Kapital meint bei Bourdieu weniger Geld (ökonomisches Kapital; aber auch das spielt im Sinne finanzieller Selbständigkeit eine Rolle), sondern Gaben, die jemand aus sich, aus der Herkunft bzw. von seiner Ausbildung her mitbringt (soziales und kulturelles Kapital). Wesentlich ist der durch das jeweilige Kapital ermöglichte Grad innerer Freiheit und Unabhängigkeit vom System. Dieses bildet einen bestimmten Habitus aus. Oblaten verfügen über wenig systemfremdes Kapital, sie verdanken alles der Institution katholische Kirche: ihre Ausbildung, ihren Status, ihr Amt, ihr Netzwerk, ihre Freunde. Erben hingegen sind weniger auf die Anerkennung und Stütze des Systems angewiesen, weil sie mehr aus sich haben: Souveränität, Status, innere Freiheit, Kontakte in völlig andere Lebenswelten, internationale oder außerinstitutionelle Anerkennung. Erben können im Zweifel gut ohne das System existieren, für Oblaten bedeutet der Schutz dieses Systems den Schutz all dessen, dem sie sich verdanken. Systemschutz ist Selbstschutz.

Für Oblaten wirken Erben gefährlich, weil ihnen genau jene innere Souveränität fehlt, die die Erben auszeichnet. Oblaten umgeben sich mit Oblaten und fördern daher, wenn sie etwa in Führungspositionen kommen, vor allem ihresgleichen. Da dies Bourdieu zufolge im 20. Jahrhundert in Frankreich – und sicher in ganz Europa – sehr häufig geschah, finden sich in kirchlichen Führungspositionen wenig Erben. So existieren beispielsweise in Bistümern ganze Netzwerke von Oblaten, die unter sich bleiben und niemand Systemfremdes dulden. Es liegt nahe, die Vertuschung von Missbrauch auch mithilfe dieser Typologie zu erklären. Wenn Systemschutz letztlich Selbstschutz ist, dann liegen die tragischen Konsequenzen auf der Hand. Daher könnte es eine Strategie innerhalb der Kirchenkrise sein, nicht in Oblaten- bzw. Systemnetzwerke verwickelte Erben vermehrt in die kirchliche Führung zu integrieren, vorausgesetzt, diese möchten das. Aber auch im Bereich des Laienkatholizismus gibt es sicherlich ähnliche Phänomene: Menschen, die ihre gesamte berufliche und persönliche Existenz mehr oder minder, in Zuordnung und Abgrenzung, der katholischen Kirche oder der deutschsprachigen katholischen Theologie verdanken. Auch sie tun sich schwer, wenn ihre liebgewordene „Heimat Kirche" in eine Krise gerät, sich radikal transformiert oder die Ortsgemeinde aufgelöst werden muss. In dieser Haltung scheinen sich ‚konservative' und ‚liberale' Perspektiven nicht sehr zu unterscheiden. Wesentlich ist die Nähe des Selbstentwurfes zum System. Der Grad der Systemverhaftetheit kann daher auch gegenabhängig auftreten, wenn jemand etwa sein ganzes Leben gegen die Institution kämpft und dadurch implizit zeigt, dass eine letzte Souveränität bzw. Freiheit ihr gegenüber schwer fällt.

Wesentlich ist vor allem der Habitus, oder das *mindset*, welches das Systemfremde bzw. die Systemfreiheit ermöglicht. Nicht jede fachfremde Ausbildung, jeder Auslandsaufenthalt macht zum Erben. Entscheidend ist, was dieses kulturelle und soziale Kapital bewirkt. Schenkt es wirkliche Souveränität und Freiheit vom System? Ermöglicht es ein konstruktives Außen, in dem sich auch leben ließe?

Der Unterschied von „Somewheres" und „Anywheres"

Neben die Unterscheidung von Erben und Oblaten tritt eine aktuellere, die allerdings ebenfalls ein erhellendes Potential für Prozesse des kirchlichen Lebens innerhalb der derzeitigen Transformation besitzt.

Es ist die Typologie von *Somewheres* und *Anywheres*.[11] Sie stammt von dem britischen Journalisten David Goodhart und ist mittlerweile weit über den journalistischen bzw. britischen Kontext hinaus rezipiert worden. Entstanden ist sie im Zusammenhang mit dem Brexit-Referendum 2016 und der Frage, warum so viele Menschen für den Brexit gestimmt haben. Goodhart unterteilt dabei die britische Bevölkerung in zwei Gruppen: in *Somewheres* und *Anywheres*. Obwohl diese Unterscheidung vielleicht ein wenig grob ist – man denke etwa an Milieustudien, die mittlerweile allein für die bundesdeutsche Gesellschaft auf zwölf Milieus kommen –, macht sie doch etwas deutlich. Goodhart argumentiert angesichts einer durch die Globalisierung geprägten Welt. Denjenigen, die mit einem ‚harten Pass' geboren wurden, also aus Ländern stammen, mit deren Ausweis man visafrei in möglichst viele andere Länder und Kontinente reisen kann, ist das „Anywhere-sein" gleichsam schon in die Wiege gelegt. Sie erhalten ihre Schulbildung in Europa, gehen zum Studium in die USA, arbeiten später bei einem globalen Multiplayer, der sie mit Standorten auf der ganzen Welt vernetzt sein lässt. Sicherlich ist dies ein Stereotyp, kann aber vielleicht etwas deutlich machen. Gerade wenn man zwei Kontraste ergänzt. Zum einen diejenigen, die nicht mit einem „harten Pass" geboren wurden. Ihnen fällt es weitaus schwerer, in einem der großen Industrieländer zu studieren, geschweige denn einmal als „Global Player" zu arbeiten. Aber auch diejenigen, die etwa formal aus einem Industriestaat wie etwa Großbritannien stammen, sind nicht per se *Anywheres*. Dafür müssen noch einige andere Faktoren wie Herkunft, Wohnort, Bildung der Eltern etc. hinzukommen. Vor allem aber macht eines den Unterschied zwischen *Somewheres* und *Anywheres* aus: Es ist ein bestimmtes Mindset. Gemeint ist damit wie bei der Unterscheidung von Erben und Oblaten ein bestimmtes Bewusstsein, eine Lebenshaltung oder Weise, wie jemand das eigene Leben versteht und gestaltet. An dieser Stelle wird auch deutlich, warum die Unterscheidung zwischen *Somewheres* und *Anywheres* den häufig ebenfalls angeführten, eher geographisch bzw. raumorientierten Unterschied zwischen *urban* und *rural*, also städtisch und dörflich, präzisieren kann. Es geht hier nicht in erster Linie darum, wo jemand aktuell wohnt, sondern es ist eher von Interesse, welchen Relevanz- und Wertesystemen ein Mensch folgt. Es kann gut sein, dass *Anywheres* auf dem Land wohnen, ja dorthin mitunter flüchten, weil ihnen die Stadt zu schmutzig und zu laut ist. Unerlässlich für diesen Wechsel ist es allerdings, dass auf dem Land Breitbandinternet zur Verfügung steht und der nächste Flughafen in erreichbarer Nähe ist. Daher findet man sie eher in sogenannten Metropolitanregionen denn ganz abgeschieden auf dem Land. Man kann das *Mindset* der *Anywheres* daher mit einigen Schlagworten schön umschreiben: digital, ortsungebunden, wohnortflexibel, mehrsprachig, Gewinner:innen und Bewohner:innen der digitalen und industriellen Globalisierung, multimobil, kosmopolitisches, urbanes Mindset. Die *Somewheres* zeichnen sich hingegen eher durch folgende Eigenschaften bzw. Lebenseinstellungen und -rhythmen aus: orts- und heimatbezogen, analog geprägt, wenige Wohnortveränderungen, eher lineare Berufsbiografien, wenig Fremdsprachenkompetenz, sie führen ein eher dörfliches, also auf Übersichtlichkeit bedachtes Leben. An dieser Beschreibung kann schon deutlich werden, welche primäre Zielgruppe die Pastoral im deutschen Sprachraum erreicht bzw. wen man implizit vor Augen hat, wenn man pastoral plant.

Die „neue Mittelklasse“

Deutlicher noch wird diese Wahrnehmung, wenn man ein weiteres aktuelles Theorieangebot dazulegt.[12] Der Soziologe Andreas Reckwitz, der 2017 mit seinem mehrfach wiederaufgelegten Band „Gesellschaft der Singularitäten“ für Furore gesorgt hat, stellt in einer seiner neueren Veröffentlichungen unter anderem eine interessante Gesellschaftsanalyse vor, die sehr anschlussfähig an die obige Unterscheidung zwischen *Somewheres* und *Anywheres* ist. Reckwitz greift zurück auf die alte Unterscheidung der Drei-Klassen-Gesellschaft, schreibt diese jedoch für die industrielle Spätmoderne fort. Die Analyse ist einsichtig: Weiterhin gibt es nach Reckwitz eine Oberschicht der „Superreichen“ und eine häufig durch viele Migrant:innen geprägte prekäre Schicht, die Reckwitz die *service class* nennt. Sie sorgen in den verschiedensten Sektoren dafür, dass einfache, aber für den Erhalt des Ganzen absolut nötige Arbeiten getan werden: Putz-, Wasch- oder Paketdienste usf. Neben diesen prekären Verhältnissen hat sich allerdings, im Gegensatz zur früher homogenen Mittelklasse, diese in eine alte und eine neue ausdifferenziert. Reckwitz beschreibt: Die neue Mittelklasse „zelebriert einen kulturellen Kosmopolitismus, der sich nicht mehr auf Nationalkulturen einschränken lässt – man ist in der ganzen Welt zuhause. Die Kultur der Selbstentfaltung, der Lebensqualität und der Valorisierung des Alltags geht in der neuen Mittelklasse eine Synthese mit Interesse an Erfolg und Status ein. [...] Status und Erfolgsinteresse stehen dabei meist nicht demonstrativ im Vordergrund der Lebensführung, aber laufen doch beständig mit. Die neue Mittelklasse arbeitet so an der Innovation ihres sozialen Status, und zwar in Form verschiedener Kapitalsorten: Sie investiert sicherlich ins ökonomische Kapital – charakteristisch ist das Knüpfen überregionaler Netzwerke –, in das Kapital des eigenen Körpers und der Psyche (Fitness, Coaching, Achtsamkeit) und [...] ins kulturelle Kapital. Damit verwandeln sich auch Erziehung und Bildung der Kinder zu einer essenziellen Aufgabe."[13]

Demgegenüber steht eine Art „verwurzeltes Selbst", als das Reckwitz die „alte Mittelklasse" beschreibt. Es sind die buchstäblich vielfach Daheimgebliebenen, diejenigen, die zumeist muttersprachliche Freunde haben oder inländische Urlaubsorte aufsuchen, die sie bereits seit Jahrzehnten jedes Jahr ansteuern. „Für die Lebensführung der alten Mittelklasse ist nicht das Prinzip der erfolgreichen Selbstverwirklichung leitend. Man hat den spätmodernen Wandel der Leitprinzipien vom Lebensstandard zur Lebensqualität inklusive der Singularisierung aller Lebensbereiche nur in geringem Umfang mitgemacht, Statusfragen sind hier im Kern weiterhin materielle Wohlstandsfragen. Statusinvestition, vor allem in die Entwicklung ökonomischer Ressourcen, prägt daher diese Lebensform. Allerdings erschöpft sie sich nicht im reinen Materialismus. Ein Wertehorizont der Selbstdisziplin, der Ordnung und der nicht nur *räumlichen*, sondern auch sozialen Verwurzelung bildet den kulturellen Rahmen der Lebensführung. Das Individuum verlangt von sich und anderen Disziplin: Geordnete Verhältnisse – im eigenen Leben, in der Erziehung, am Wohnort, in der Gesellschaft – erscheinen als unverzichtbare Bedingungen und Werte. Dem eigenen Selbstverständnis zufolge setzt dies enge soziale Bindungen und Verpflichtungen voraus, und zwar häufig gegenüber jenen, für die man sich nur bedingt aktiv wählend entschieden hat: an die Familie [...] sowie an den Ort und die Region, in die man in der Regel hineingeboren wurde [...] und denen man treu geblieben ist."[14]

Die Parallelen zwischen *Somewheres* und *Anywheres* auf der einen und der alten bzw. neuen Mittelklasse auf der anderen Seite liegen auf der Hand. Bei Reckwitz werden sie vielleicht noch deutlicher. Es gehört in der alten Mittelklasse eine gewisse Treue oder – neutraler formuliert – Konvention dazu: eine Loyalität zu den alten Freunden, den Nachbarn, Arbeitskolleg:innen oder vormaligen Klassenkamerad:innen. Die Feuerwehr im Ort hat eine ähnlich sozial integrative Funktion wie Kirchengemeinde, Blaskapelle oder Sportverein. All diese Verbindlichkeiten, das heißt Größen, denen gegenüber man eine Loyalitätsverpflichtung zu haben glaubt, unterscheiden sich fundamental von denjenigen der „neuen Mittelklasse". Bei Letzterer ist es diejenige gegenüber der eigenen „Singularität", vereinfacht gesagt also, aus seinem Leben und dem der eigenen Kinder etwas zu machen. Die neue Mittelklasse besteht vielfach aus Menschen, die sich selbst als „Unternehmer ihrer selbst" verstehen, wie es der Soziologe Ulrich Bröckling einmal genannt hat. Damit kommen völlig andere Kapitalsorten, also Relevanzen, Werte und Lebensziele ins Spiel. Als Mittel dazu bieten sich Trends, mitunter internationale Netzwerke, die die traditionalen Verbindungen der alten Mittelklasse ablösen bzw. schon in der zweiten oder dritten Generation ersetzt haben. Nicht so sehr die Verbindlichkeit in Bezug auf herkömmliche Traditionen, Institutionen und Konventionen ist wichtig, vielmehr zollt man allem gegenüber, was *man* braucht (*must haves*) und sich anbietet, die eigene Existenz zu einer einzigartigen oder zu einer Art „Kunstwerk meiner Selbst" zu machen, eine hohe Verbindlichkeit. Der letzte Gedanke deutet bereits an, dass man die Frage nach der (Wahl-)Freiheit an beide Klassen stellen kann. Scheinen die einen sehr in konventionellen Erwartungen gefangen, transformieren sich diese innerhalb der „neuen Mittelklasse" in zumeist ähnlich internalisierte und idealisierte Selbst- bzw. Fremdbilder, letztere eher in Gestalt von diffusen Erwartungen der vernetzten Peergroups verortbar. Ob daher die Wahl solch anderer Verbindlichkeiten freier war bzw. ist als in der alten Mittelklasse, sei dahingestellt. Sie findet lediglich in einem anderen *setting* statt und findet ihre Kriterien in einem anderen Lebensstil.

„Ich glaube an die Kirche?!", oder: wie die nicht mehr gestellte Gottesfrage mit der Kirche beantwortet werden soll

Diese Phänomene, insbesondere die Unterscheidung von *Somewheres* und *Anywheres* wie auch jene „neue Mittelklasse" macht vor allem eines deutlich: Die Kirchen (hier bewusst im Plural formuliert) haben mit ihren pastoralen Angeboten, welche de facto vor allem vom Sender her denken, den Anschluss an große Teile unserer kulturellen und gesellschaftlichen Wirklichkeiten verloren. In Verknüpfung mit den Überlegungen des ersten Teils kann man soziologisch mit gutem Recht sagen, dass Phänomene religiöser Indifferenz bzw. eines Apatheismus vor allem in diesen Milieus von *Anywheres* und der „neuen Mittelklasse" anzutreffen sind.[15] Diese Feststellungen geben den Ergebnissen des ersten Teils ihren gesellschaftlichen Ort und machen sie anschaulicher. Denn jede:r kennt sicherlich Erben wie auch Oblaten, *Somewheres* und *Anywheres* genauso wie Angehörige der alten und der neuen Mittelklasse.

Nun stellt sich die Frage, wie kirchlicherseits mit diesen, aber auch insgesamt mit den schon länger sichtbaren Transformationsphänomenen umgegangen wird. Denn Entkirchlichung bzw. Säkularisierung setzt ja bereits viel früher ein als gemeinhin angenommen. Sie zieht sich sicherlich seit der ersten Hälfte des 20. Jahrhunderts mit mal mehr und mal weniger großer Geschwindigkeit durch alle Jahrzehnte.[16]

Es ist dabei auffällig, dass die Kirchenfrage, bzw. in der Diktion dieses Bandes das Optimierungsparadigma, eine sehr zentrale Stelle einnimmt, ja als die entscheidende Stellschraube betrachtet wird. Wissenschaftlich ist es jedoch so, dass – wie in der Einleitung am Beispiel der Stadt Utrecht beschrieben – kirchliche Erosionsphänomene, säkularisierende Entwicklungen und das Aufkommen von religiöser Skepsis und Indifferenz alle christlichen Konfessionen betreffen. Der Gottesglaube bzw. ein existenziell vollzogener Transzendenzbezug nimmt spätestens seit den 1950ern in allen (!) christlichen Konfessionen gleichbleibend rapide ab, auch bei den Altkatholik:innen mit ihrer bekanntlich synodalen Struktur. Dennoch wird kirchlicherseits auf die oben beschriebene Transformation fortdauernd mit einer Weiterentwicklung der Kirchengestalt reagiert. Dieses Paradigma scheint ‚typisch modern' zu sein.

Faktisch ist es so, dass, seitdem zum ersten Mal die ‚säkulare Frage', also die Herausforderung eines Auseinandertretens von kirchlicher und weltlicher Sphäre als Unterscheidung der Moderne, aufkam, die Kirche als Problemlösungsformel in den Vordergrund tritt. Die Antwort auf die metaphysischen wie machtpolitischen Kränkungen der Moderne war die Arbeit an der Kirchengestalt. Den neu entstehenden Nationalstaaten und der menschlichen Autonomie an sich wurde eine Sozialform entgegengesetzt *(„societas perfecta“)*, die als radikaler, metaphysisch grundierter Gegenentwurf zu der sich neu und weitgehend frei ordnenden Welt verstanden werden sollte. Es kommt zur Bearbeitung der aufkommenden Fragen eine Art besonderer „Kirchengläubigkeit“ und damals noch eingeforderte Papsthörigkeit auf (Stichwort: Unfehlbarkeit), die in der bisherigen Geschichte des Christentums ihresgleichen sucht. Außerdem kommt das auf, was oben Konfliktmechanismus genannt wurde. Man versucht den Konflikt – etwa jenen zwischen Glaube und Vernunft – mittels argumentativer, zumeist apologetischer Anstrengung zu lösen oder zumindest zu mildern. Es liegt hier die Vermutung nahe, dass sich in dieser Zeit die bis heute innerhalb des Katholizismus wirksamen, für konfliktlösend gehaltenen Paradigmen, also auch das Optimierungsparadigma, gebildet haben. Vielleicht ist man daher für die Problematik des Verschwindens der Gottesfrage an sich weniger sensibel und setzt auf die Kirche als Lösung. Die Gottesfrage wird vorwiegend als Kirchen- und Optimierungsfrage gedeutet, erlebt und beantwortet. Die obigen religionssoziologischen Daten machen jedoch deutlich, dass eine Nicht-Passung der Kirche keineswegs das einzige Problem ist, vor dem die christlichen Konfessionen alle gemeinsam stehen. Es geht auch um Distraktion und Absorption des Glaubens, also um tiefer angelegte Prozesse, denen gegenüber die bisher eingeübten Paradigmen nach allem, was wir empirisch wissen, in weiten Teilen machtlos erscheinen.

Das Communio-Dispositiv wird zur Problemlösungsformel

Eine andere, modernere Form der Kirchengläubigkeit entsteht nach dem Zweiten Vatikanum. Das Konzil kommt bekanntlich zu einer positiven, nicht mehr defensiven Rezeption moderner Werte und Anfragen, die seinerzeit auf der Basis breiter theologischer Vorarbeit möglich wurde. Nachdem auf der ersten Sitzung des Konzils die durch die römische Kurie vorbereiteten Dokumente durch die Versammlung von Bischöfen aus aller Welt abgeschmettert worden waren, fehlte dem Konzil sein Thema. Es machte schließlich „die Kirche" zum Thema und es kam zu einem nachholenden Aufgreifen und Bearbeiten moderner Anfragen. Tomáš Halík beschreibt, dass dies exakt am Beginn einer Epoche geschieht, als die Moderne den Glauben an sich selbst verliert.[17] Was nun innerkirchlich auffällt, ist, dass sich das Paradigma der Bearbeitung an sich nicht wirklich änderte, nur dessen Ausrichtung. Wollte man im 19. Jahrhundert die entstandenen Konflikte mithilfe radikaler Ablehnung und Binnenzentrierung lösen, war es nun die Öffnung zu solchen Fragen, welche die Lösung bringen sollte. Gleich bleibt jedoch eines: Die Problemlösungsstrategie ist insbesondere die Kirche bzw. die Sozialform und die Arbeit an ihr. Dies soll im Folgenden kurz mithilfe eines der theologischen Kernbegriffe der Nachkonzilszeit verdeutlicht werden, dem der „*Communio*". Der Freiburger Weihbischof Paul Wehrle schreibt Anfang der 1990er Jahre und damit inmitten der Hochzeit der Communio-Theologie mit Blick auf dieses Kirchenverständnis: „Im Verständnis von Kirche als Communio können sich verschiedene und vermeintlich konträre Aspekte zum Kirchesein bündeln lassen. Angesichts des Verlustes an Glaubwürdigkeit in und an der Kirche könnte das Mühen um ein tieferes Verständnis der Communio-Ekklesiologie und gleichermaßen einer Communio-Praxis helfen, Wirklichkeit und Anspruch einander näher zu bringen."[18]

Was an diesem kurzen Ausschnitt sichtbar wird, ist die Bedeutung, die hier der Communio-Ekklesiologie zugeschrieben wird. Sie soll kirchliche Probleme lösen und es wird ihr zugetraut, dass sie dies auch kann. Wohlgemerkt: Es ist ein bestimmtes Bild von Kirche, das hier als Schlüssel definiert wird. Kirche, diesmal nicht als *societas perfecta* des 19. Jahrhunderts, sondern als *Communio,* soll die Lösung bringen. In der Pastoraltheologie übersetzt sich dies in die bereits erwähnte Gemeindetheologie. Partizipation, Gemeinschaft, eine ideale, ja vielleicht sogar eine wiederum perfekte Kirchengestalt sollen die säkulare Frage nach einem Auseinanderdriften von kirchlicher und moderner bzw. ‚weltlicher' Sphäre beantworten.

Man kann dies mithilfe eines Analyseinstruments des französischen Philosophen Michel Foucault noch anschaulicher machen. Er spricht für gewisse Epochen von einem herrschenden Dispositiv, mithilfe dessen alle aufkommenden Fragen beantwortet werden sollen. Ein Dispositiv ist ein Netz von diskursiven und nicht-diskursiven Formaten.[19] Insbesondere lohnt daher zur Analyse eines herrschenden Dispositivs das Untersuchen von wissenschaftlichen Diskursen, Diskussionen auf der Straße oder am Stammtisch und der Architektur, die in einer Zeit prägend wird.

Bei einem Communio-Dispositiv ließe sich folgendes Netz spannen: Die theologischen Diskurse nach dem Konzil bis hin zu einer Bischofssynode 1985 im Vatikan sind unbestritten. Theologinnen und Theologen haben seinerzeit Bibliotheken zu füllen gewusst und gerade in der Pastoraltheologie wird im Windschatten der Würzburger Synode der Diskurs um die ‚*Gemeinde*' zum Hauptstrang fachlicher Auseinandersetzung. Dies ist die diskursive Dimension des Dispositivs. Hierbei blieb es jedoch nicht. Auch in den Pfarreien fanden Prozesse statt, wie aus der versorgenden Pfarrei eine mitsorgende Gemeinde werden könne. Hier wäre es etwa interessant, Protokolle von Pfarrgemeinderäten zu analysieren. Dies wäre der nicht-diskursive Strang jenes Communio-Dispositivs. Der architektonische liegt schließlich auf der Hand:. Es wurden seit den 1960ern vermehrt Communio-Kirchen gebaut und jede Pfarrgemeinde bekam in Form eines Gemeindehauses bzw. Pfarrheims die Möglichkeit, ihre Communio auch außerhalb der gottesdienstlichen Versammlung zu leben und zu erweitern. Deutlich sichtbar ist daran: Auch nach dem Konzil hat sich die Art und Weise, wie man mit den Herausforderungen einer sich modernisierenden und ebenfalls zusehends säkularisierenden Welt umgeht, wenig verändert. Man arbeitet an der Sozialform. Kirchengläubigkeit übersetzt sich in Communio-Optimismus.

Nun kann man allerdings seit einigen Jahren sehen, wie die Säkularisierung sich als stärker erweist. Sie nagt sichtbar am Communio-Dispositiv. Zum einen entsteht theologisch fast nichts mehr unter den Stichworten Communio oder Gemeinde. Zum anderen wird es schon seit Jahren immer schwieriger, Menschen für die Mitarbeit in gemeindlichen Gremien zu motivieren. Sie waren ursprünglich als Schaltstellen einer Communio-Kirche vor Ort, sprich der Gemeinde, verstanden worden. Schließlich ist mehr als deutlich, dass auch die Communio-Kirchen der 1960er und 1970er in die Jahre kommen und nicht selten im Zuge kirchlicher Immobilienpläne als erste abgerissen oder umgewidmet werden, da ihre Bausubstanz am wenigsten historisch bzw. denkmalgeschützt ist bzw. diese Kirchenräume für die kleiner werdenden Glaubensgemeinschaften schlichtweg zu groß geworden sind.

Wir stehen damit insgesamt vor dem Scheitern des Communio-Dispositivs, das angetreten war, die ‚säkulare Frage' im 20. Jahrhundert, insbesondere in der Zeit nach dem Konzil, zu lösen. Und wir stehen noch fundamentaler vor dem Scheitern einer Grundprämisse, die sich in der Moderne kirchlicherseits ausgebildet hatte, dass nämlich die Frage nach der Sozialform das Auseinandertreten von Kirche und Welt, von Glaube und Lebenswelten, von kirchlichem Angebot und individuellen Bedürfnissen nicht merklich beeinflusst hat. Die Sozialformfrage als Allrounder zur Beantwortung der ‚säkularen Frage' hat sich als nicht durchgängig tragfähig erwiesen.

Um nicht missverstanden zu werden: Viele haben der Gemeinde vor Ort und der Gestalt der Communio-Kirche ihre christliche Sozialisation zu verdanken. Ohne die Mühen dieser Jahre wäre die Kirche zumindest in Deutschland schon heute viel kleiner und trüge womöglich sektenhafte Züge. Dennoch hat diese Strategie den Gesamttrend nicht aufgehalten. Denn er ist offenbar nicht aufzuhalten. Die Säkularisierung hat sich als stärker erwiesen als das konziliare Aggiornamento. Oder mit den obigen Begriffen: Distraktion und Absorption lassen sich nicht durch die ausschließliche Arbeit am Konfliktmechanismus aufhalten. Letzterer liegt nicht nur epistemisch, sondern auch lebensweltlich auf einer anderen Ebene.

Eine offene, fundamentale Frage ist jene nach einem Aufbrechen, also Öffnen religiöser Indifferenzen. Wie kann das gelingen? Dies geschieht, wo es geschieht, nach allem, was wir bisher wissen – und das ist noch sehr wenig –, sehr divers, aber auch unter anderem durch Gemeinschaftserfahrungen im Glauben: bei Pilgerfahrten, christlichen Großevents, etc. Vorsichtig ließe sich schlussfolgern, dass die Gemeinschaft als evangelisierender Ort wichtig bleibt, gerade wenn es um religiöse Sozialisation geht. Allerdings: Gemeinschaft, Sozialform bzw. Kirche als Monopolkonzept für die Zukunft von Glauben und Kirche zu setzen, greift nachweislich zu kurz.

Kirchliche Reformen und pastorale Optimierungen sind absolut notwendig, aber nicht hinreichend

Wir Menschen sind es aus unserem Alltag und aus unserer Lebenserfahrung ebenso wie aus dem uns mitgegebenen Lebenswissen gewohnt, dass man für Probleme eine angemessene Lösung finden muss. Das ist so banal, dass es nicht hinterfragt wird. Die Moderne und ihr *homo faber* stehen dafür, dass es auch für jedes Problem eine Lösung geben muss, und wenn man sie noch nicht gefunden hat, hat man eben noch nicht lange oder intensiv genug gesucht. Diese Logik, letztlich jene des Optimierungsparadigmas, scheint allerdings immer stärker an ihre Grenzen zu kommen. Dabei löst sich auch der Unterschied zwischen klassisch liberalen und konservativen Problemlösungsvorschlägen auf. Letztlich wollen alle irgendwie im Sinne einer modernen Schlüssel/Schloss-Logik optimieren.

Der Soziologe Armin Nassehi spricht in seinem Buch „Unbehagen. Soziologie der überforderten Gesellschaft" von einer sogenannten *Soziodizee.*[20] Er zielt damit – in Anlehnung an die Theodizee – eine eigenartige Paradoxie an: Wir können Probleme bestens identifizieren und Lösungen für sie entwickeln, allerdings bewirken diese Lösungen nicht den gewünschten Effekt. Nassehi unterscheidet zwischen der Sach- und der Sozialebene. Die Sozialebene ist beeinflussbar, also verbesserbar durch Reformen, Optimierungen etc. Die Sachebene bleibt widerständig und weitgehend durch die Änderungen auf der Sozialebene unbeeindruckt. Eben dieser Zusammenhang lässt sich auch auf den pastoralen Optimierungs- bzw. Innovationssektor anwenden. Vieles ist ‚machbar' in der pastoralen Arbeit. Durch ‚gute Arbeit' (wobei die Adressat:innen bzw. Beteiligten immer selber entscheiden, was das für sie ist) oder durch strategische Planungen, Innovationen und, ja, durch dringend notwendige Kirchenreformen ist viel zu erreichen. Jedoch ist zumeist nicht der gewünschte Effekt als ganzer greifbar, etwa: Menschen, die Feuer fangen für die Botschaft, sich ehrenamtlich engagieren, die womöglich in einen pastoralen Dienst gehen etc. Daher kann man die Formel aufstellen: Alle Optimierungen der Pastoral bzw. des Kirchlichen stehen nicht in einem *kausalen*, sondern allenfalls in einem *korrelativen* Verhältnis dazu. Will sagen, dass Optimierungen, Innovationen, Kirchenreformen aus empirischer Sicht gewiss nicht effektlos sind, allerdings zumeist nicht den angezielten oder zumindest einen anderen, geringeren Effekt erbringen als ursprünglich intendiert. Dies ist schmerzlich und stellt unsere Gewohnheiten, Ideale und Erwartungen auf den Kopf. Es führt in eine persönliche wie auch institutionelle Ohnmachtserfahrung. Es ist jene Grenze des Machbaren, wie sie auch unsere Gesellschaft dauernd erlebt, und das noch auf besonders tragische Weise. Denn im Christentum scheint die Sperrigkeit dessen, was Nassehi „Sachdimension“ nennt, umso schwerer zu wiegen. Gründe dafür sollen im nächsten Teil anschaulich werden.

Tragisch an diesen Zusammenhängen ist mit Blick auf die pastorale Praxis mindestens zweierlei. Zum einen ist es zutiefst menschlich, etwas verändern, verbessern zu wollen. Pastorales Engagement lebt davon, dass Menschen positive Erfahrungen aus und mit dem Evangelium machen. Diese Grundmotivation vieler Seelsorgender wird jedoch durch die Erfahrung frustriert, offenkundig und vor allem pastorale Sisyphus-Arbeit zu leisten. Viel *input*, wenig *output* – so scheint es zumindest. Des Weiteren herrscht gerade angesichts dieser Erfahrungen häufig eine Unkultur des *Blaming*. Es wird nach Schuldigen gesucht. Die Kirche, welche so reformstarr ist; das Bistum, das kein gutes bzw. adäquates Personal zur Verfügung stellt und sich sowieso mit sinnlosen Strukturvorgaben blockiert; die ‚Welt' oder, wie schon benannt, ‚die Menschen', die ‚nur' eine Dienstleistung möchten;[21] die pastoralen Kolleg:innen, die so wenig innovativ oder schlichtweg faul sind. All das sind wichtige Faktoren für den Relevanzverlust. Allerdings liegt das Problem nachweislich noch auf einer anderen Ebene, die nicht so leicht zu bearbeiten ist, wie man denkt. Mit Nassehi und seinen Analysen aus systemtheoretischer Sicht kann man von der notwendigen und womöglich entlastenden Unterscheidung zwischen Sach- und Sozialebene sprechen. Effektive Veränderungen können wir auf der Sozialebene, will sagen strukturell, interpersonell, professionell erzielen und diese werden gewiss einen Effekt haben. Das Grundproblem allerdings werden wir damit wenig bis gar nicht bearbeiten.

Daher sind auch die Imperative nach Optimierung und Verbesserung bzw. Kirchenreform immer auf der Sozialebene zu verorten und bezüglich ihrer Wirksamkeit nur von dort her wirklich richtig einzuschätzen bzw. im Vorhinein verantwortet zu begrenzen. Man könnte es auch mithilfe einer bekannten Formel aus dem Mathematikunterricht benennen: Optimierungen, von denen offizielle Kirchenreformen ja nur einen Teil bilden, sind *notwendig*, aber *nicht hinreichend*. Die Behauptung, Reformen brächten nichts und Qualitätsentwicklung sei ja eh vergebene Liebesmüh, wie sie von unterschiedlicher Seite immer wieder vorgebracht wird, trifft daher nicht die Realität. Die Arbeit an der Kirche, an pastoraler Qualität etc. ist allerdings ebenfalls nicht *die* Lösung an sich, denn diese, so muss man wohl der Ehrlichkeit halber eingestehen, gibt es offenbar nicht.

Das Dilemma: Weder Restauration noch Reform werden letztlich helfen

Die schon klassisch zu nennende ‚Entweder/Oder-Konstellation', die immer wieder im Raum steht, bewegt sich daher letztlich auf der Sozialebene. Sie heißt *Reform* oder *Restauration.* Innerhalb dieser beiden Alternativen verkeilen sich die Diskursparteien des Optimierungsparadigmas, die organisational-strukturelle wie die traditional-identitätsbezogene.

Beide Szenarien sind allerdings bezüglich ihrer Reichweite und Wirksamkeit beschränkter, als oft implizit vorausgesetzt wird. Dafür stehen empirische Daten. Ein sehr anschauliches Beispiel stammt wiederum aus den Niederlanden. Die Studie „God in Nederland" („Gott in den Niederlanden") von 2022 fördert nicht nur ein sehr realistisches Bild vom Stand des Gottesglaubens zutage. Sie beinhaltet auch eine Statistik der vergangenen 60 Jahre (1960–2020). Um diese zu verstehen, muss man die niederländische Kirchengeschichte ein wenig kennen. In der ersten Hälfte des 20. Jahrhunderts herrschte nach der Wiederzulassung des Katholizismus Mitte des 19. Jahrhunderts innerhalb der „Katholischen Säule" (eines der weltanschaulichen Milieus neben anderen) das „reiche römische Leben". Katholizismus auf Schritt und Tritt. Das ganze Leben war von Religion, Glaube und Kirche durchdrungen. In den 1960ern beginnt dies zu bröckeln und das Zweite Vatikanische Konzil beginnt. Direkt im Anschluss findet zwischen 1966 und 1970 das sehr reformfreudige und weltweit beachtete niederländische Pastoralkonzil statt. In dieser Zeit entstand auch der „Holländische Katechismus", der den Glauben unter modernen Vorzeichen reformulieren wollte. Dies alles wurde sehr kritisch durch Rom beäugt, damals waren die Niederlande sicherlich so etwas wie das römische Sorgenkind. Anschließend, ab Beginn der 1970er kam es zu massiven römischen Interventionen, insbesondere durch die Ernennung linientreuer Bischöfe oder die Errichtung eines auf Rechtgläubigkeit hin orientierten Priesterseminars. Auf Reform folgte Restauration, und das in massiver Weise. Wenn man nun die aktuellen Daten der Studie „God in Nederland“ und die Entwicklung des Gottesglaubens in diesen Jahrzehnten vergleicht, kommt man zu einem erstaunlichen Ergebnis. Der Glaube an Gott nimmt sowohl während der Reform- wie auch während der Restaurationszeit kontinuierlich ab – und zwar sowohl auf evangelischer wie auf katholischer Seite. Weder zur einen Zeit (Reform) noch während der anderen Phase (Restauration) fand eine Stagnation der Entwicklungen oder ein Massenexodus statt, vielmehr: Die lebensweltliche Relevanz des Glaubens ließ sich durch innerkirchliche Prozesse in keiner Weise beeindrucken. Weder positiv in reformgestimmten Jahren noch negativ in Zeiten der Restauration. Der nicht zu stoppende Prozess heißt Säkularisierung im Sinne eines Irrelevantwerdens des Glaubens auf der Individualebene.

Eine vergleichbare Notiz findet sich historisch aus der Geschichte der Kirchen in der DDR. Sie standen über Jahrzehnte vor der Herausforderung zwischen Konfrontation und Kompromiss, zwischen Anpassung und Kontrast. Neuere Untersuchungen zeigen, dass sie eigentlich bezüglich der Mitgliedsbindung nur das Falsche wählen konnten, weil es das Richtige nicht gab.[22] Die Säkularisierung erwies sich als Megatrend, ja als Sog, dem die Kirchen wenig entgegensetzen konnten. Vergleichbare Prozesse lassen sich für Westdeutschland und andere europäische Länder beobachten. Es scheint sogar, dass die Säkularisierung in Ländern, wo sie lange noch durch einen christlich-kulturellen Rahmen abgefedert worden war, gegenwärtig in allen Konfessionen umso schneller voranschreitet.[23] So kommt die Analyse aus der DDR-Zeit auch zu diesem bemerkenswerten Ergebnis: „Was in der DDR mit großem Erfolg aktiv vorangetrieben wurde, vollzog sich in der Bundesrepublik (wenngleich deutlich langsamer) von selbst."[24]

Eine Quintessenz mit fundamentalen Konsequenzen: Die Säkularisierung ist Megatrend, aber kein Universaltrend

Dabei erweist sich die Säkularisierung zwar als ein *Megatrend*, allerdings nicht als *Universaltrend*.[25] Der ‚Irrtum' der klassischen Säkularisierungsthese war es, sie als modernes Masternarrativ zu erzählen. Als würde die moderne Welt, wenn sie einen gewissen Grad an Modernität erreicht hätte, keine Religion mehr benötigen. Religion wird daher in den großen Ideologien von Leninismus, Marxismus und Sozialismus als Zwischenstadium hin zu einer klassenfreien Gesellschaft verstanden. So wirksam dieser Trend auch war und ist, etwa in den Staaten des ehemaligen Ostblocks, so stellt er doch keine Zwangsläufigkeit dar. Säkularisierung wird sich, nach allem, was heute prognostizierbar ist, als Trend bzw. Sog nicht unwirksam machen oder umkehren lassen. Dennoch führt dies nicht zum Verschwinden der Religion. Religion bleibt, allerdings in völlig anderer Gestalt, unter anderem in quantitativer Hinsicht. Sie wird diverser, hybrider, vereinzelter, pluraler. Singularisierungsprozesse, die das Einzelne dem Allgemeingültigen vorziehen, sind sowohl von ihrem Ursprung her als auch gegenwärtig integraler Bestandteil der Säkularisierung. Wo das Allgemeine zugunsten des Besonderen und Individuellen abgeschwächt wird, werden auch jene universalen Werte, Anschauungen, Bezugspunkte, auf die sich alle einigen können bzw. die alle gemeinsam teilen, geringer. Dies scheint die große Herausforderung freiheitlich-demokratischer Gesellschaften der Zukunft. Wenn Freiheit nur noch Freiheit zur Vereinzelung bedeutet und jede:r seine:ihre eigene Lebensgrammatik hat, die immer weniger mit einem allgemein Guten in Verbindung stehen muss, dann haben die Freiheit und die Moderne ein nicht geringes Problem. Diesen Zusammenhang, dass die Freiheit sich nicht aus sich zum Vernünftigen und zum Allgemeinwohl hin bestimmen kann, scheinen die großen Feinde demokratischer Gesellschaften durchaus zu sehen und dringen unter Aufbietung vermeintlich einfacherer Lösungen massiv in diese Achillesferse ein. In diesem Zusammenhang steht auch der Gottesglaube. Auch er wird als Option singulär. Er hat seine allgemeine Verbindlichkeit verloren und wird ab- oder angewählt, wenn er überhaupt im Entscheidungskosmos einzelner vorkommt. Dies führt schließlich zu völlig singularisierten und hybridisierten Glaubensexistenzen, auf die die kirchliche Lehre überhaupt nicht vorbereitet ist. Denn sie basiert und argumentiert naturgemäß mit Universalien und allgemeinen Geltungsansprüchen, die allerdings individuell als Gesamtkonzept ihre Gültigkeit eingebüßt haben.

Religion und Glaube leben also weiter, allerdings völlig anders als bisher gekannt und gewohnt. Daher ist vielleicht zunächst eine Spurensuche in der Praxis angezeigt, bevor dem allgemeine pastorale oder dogmatische Überlegungen entgegengehalten werden. Allein theoretische Gedankengebäude oder Schlussfolgerungen werden mit ziemlicher Sicherheit an der Realität abperlen. Auf die praktische Spurensuche wird unter anderem im letzten Teil zurückzukommen sein. Zunächst erfolgt allerdings, um den oben beschriebenen Phänomenen tiefer auf die Spur zu kommen, eine vertiefte Problemanalyse dessen, was oben mit Armin Nassehi die „Sachdimension“ genannt wurde.

C Theologische Tiefenbohrungen: „Nur mal eben kurz die Welt retten“

Radikale Transformation, oder: „Ich habe eine Antwort auf eine Frage bekommen, die ich vorher gar nicht hatte!“

Die Befunde bis hierher sind mehr als ernüchternd. Das Christentum und mit ihm alle Religionen, die von einer Trennung zwischen Immanenz und Transzendenz ausgehen, finden sich inmitten soziokultureller Koordinaten vor, die sie so lange nicht kannten. Man könnte nun ausgiebig darüber streiten, inwieweit der Kern der Säkularisierung aus dem Christentum hervorgegangen ist. Solche Thesen besagen, dass eine Entäußerung zentral zum Christusereignis und zur Offenbarung dazugehöre. Das, was wir derzeit erleben, sei also die letzte Konsequenz der Hingabe Gottes an die Welt. Hier darf schon kritisch zurückgefragt werden, welcher Mehrwert von einem Offenbarungsverständnis ausgeht, das auf Selbstabschaffung oder -überflüssigmachung setzt. Hieße das nicht, dass Gott sich offenbart und die Welt in Jesus Christus erlöst habe, um sie schließlich wieder in aller eschatologischen Vorläufigkeit sich selbst zu überlassen? Und ist es nicht auch eine wichtige Dimension des Glaubens, Gott um seiner selbst willen zu loben und zu lieben, verbunden mit der Hoffnung, dass sich auch darin vollkommenes menschliches Glück schenkt? Welchen Sinn also hätte ein Gottesglaube, der darauf abzielt, irgendwann nicht mehr zu sein?

Ein nicht für alle und jedes notwendiger Gott ist daher kein Gott, der sich selbst überflüssig macht, sondern einer, der die Welt frei lässt, indem auch außerhalb des Glaubens an ihn wirkliches und glückliches Leben möglich ist. Er ist keiner, der mit der moralischen Keule eines „ohne Glaube wird alles schlechter“ oder mit der Behauptung aufwartet, dass jemand zwangsläufig etwas vermissen müsse, der nicht zum Glauben findet. Der *nicht notwendige* Gott ist ein Gott, der sich und uns vielmehr aus allen Verzweckungen seiner selbst, die Menschen ihm aufgebürdet haben („wenn ich glaube oder bete, dann geht es mir besser“) befreit. Denn wenn nur freie Liebe echte Liebe ist, dann muss es die reale Möglichkeit geben, auch ohne Gott glücklich leben zu können, damit das Leben mit Gott tatsächlich eine frei wählbare Option ist. Wenn das Leben ohne Gott per se als schlechter qualifiziert oder gar als sündig abgestuft wird, wird der Glaube seine Verzweckungsversuchung niemals los. Der nicht notwendige Gott hat mit dem Menschen eines gemeinsam: Er möchte um seiner selbst willen geliebt werden. Das ist nur möglich, wenn andere Lebensentwürfe gleichwertig danebenstehen können. Das bedeutet freilich nicht, dass Gott nicht ein Alleinstellungsmerkmal wäre. Die christlichen Kirchen sind sich womöglich viel zu wenig bewusst, dass nur Gott ihr Alleinstellungsmerkmal ist. Denn alles andere können andere auch und vielfach noch besser. Dieses Alleinstellungsmerkmal kann heute aber nur frei gewählt werden – endlich! Denn eine säkulare Kultur ermöglicht es nach Jahrhunderten von durch die Kultur vorgegebenen religiösen Vorstellungen und Verpflichtungen, dass Gott ein Alleinstellungsmerkmal werden darf, ja muss, will der Glaube an ihn heute überleben und zugleich den Anforderungen einer freiheitlichen und nachchristlichen Gesellschaft genügen.

Der Gott der Zukunft ist ein Gott, der nicht auf die Bedürftigkeit, Fragen oder Kontingenzen des Menschen abzielt. Eine Taufbewerberin in Frankfurt am Main brachte diese Wirklichkeit, oder besser, dieses neue Paradigma in die beeindruckende Formel: „Ich habe eine Antwort auf eine Frage gefunden, die ich vorher gar nicht hatte!" Gott ist notwendig, allerdings in einer Erste-Person Perspektive, und das Fehlen des Glaubens wird erst im Nachhinein als solches erkannt. Das alte Paradigma ist hingegen jenes einer universalen, also für alle zutreffenden Kontingenz: Dem Menschen fehlt etwas oder muss etwas fehlen ohne Gott, er hat eine Frage oder ein unstillbares Bedürfnis, und Gott ist die Antwort. Es war das Paradigma der allgemeinen Notwendigkeit. Bevor nun jenes neue Paradigma der Nicht-Notwendigkeit bezüglich theologischer und pastoraler Konsequenzen bedacht wird, soll aufgrund seiner bis heute spürbaren Prägekraft dieses alte Paradigma der Notwendigkeit in seiner Entstehung und Wirkung rekonstruiert werden. Es ist das Konzept einer auf Universalismus bauenden Erlösungsvorstellung.

Die Botschaft ist zwar ‚gut', wird aber nicht mehr von allen gebraucht: die Grenzen des christlichen Universalismus

In diesem Zusammenhang ist eine andere unhinterfragte pastorale Annahme wichtig. Man geht gemeinhin davon aus, dass die Botschaft gut sei, wir sie allerdings nicht richtig performen. Dieses Denken wurde oben als Teil des ‚Optimierungsparadigmas' definiert. Die Kirche steht im Weg, schlechte pastorale Arbeit, eine lange Schuldgeschichte des Christentums und vieles mehr. Das ist alles sehr richtig. Allerdings zeigt sich das Gesamtphänomen als komplexer, denn die Erfahrung weist aus, dass auch dort, wo diese Faktoren als weniger dominant erfahren werden, die Botschaft des Evangeliums es ähnlich schwer hat wie anderswo. Einige Gründe für dieses Phänomen wurden im ersten Teil anschaulich. Dieser Zusammenhang verweist allerdings noch auf eine andere Wirklichkeit, die mittlerweile bestimmend geworden ist und die es unbedingt wahrzunehmen gilt: Was gut ist und was gebraucht wird, ist nicht mehr allgemein zu sagen. Es ist vor allem weder autoritativ zu verordnen noch als allgemein vernünftig nachzuweisen. Menschen entscheiden darüber selbst. Die Frage, wer oder was relevant ist und was jemand zu einem guten Leben braucht, ist ebenfalls völlig singularisiert, also: das weiß jede:r selber. Die Kirche und ihre Pastoral sind mit diesem Phänomen in der sogenannten Postmoderne angekommen. Sie zeichnet sich gerade dadurch aus, dass das gemeinsame Eine, Universale, das alle unbedingt betrifft und angeht, nicht mehr existiert. Was dem:der einen wahr ist, ist es für jemand anderen ganz und gar nicht. Was dem einen wichtig ist, ist es für jemand anderen überhaupt nicht, etc. Die Multiperspektivität ist zum Kennzeichen unserer Lebenswelten geworden, und es ist faktisch unmöglich, mit alten Universalismen bzw. deren Behauptung dagegen anzuarbeiten. Wenn also behauptet wird, die Botschaft sei eigentlich ‚gut', könnte es sein, dass sich dahinter ein alter Universalismus verbirgt, der unhinterfragt davon ausgeht, es gebe das eine Gute oder Relevante für alle Menschen.

Es ist interessant zu sehen, wie der Universalismus doch noch sehr stark, beinahe kryptisch auch in neueren pastoralen Entwürfen und Konzepten fortlebt. Oben war dies bereits bei der Analyse des Sender/Empfänger-Modells angeklungen. Er reicht von „alle Menschen sind ja irgendwie auf der Suche" über „wer mitmacht, erlebt Gemeinde" bis hin zur Zitation des Diktums von Alfred Delp, dass die „Welt Gottes voll" sei. Eigentlich, so insinuieren diese thetischen Sätze, ist es gar nicht so schlimm. Wir müssen nur an den richtigen

Stellschrauben drehen, dann wird das jedem (!) Menschen innewohnende religiöse bzw. transzendente Bedürfnis schon sichtbar. Der erste Teil dieses Bandes wollte empirisch belegen, dass die Situation – wenn man so will – doch vielschichtiger und daher ernster ist. Die bisherigen Stellschrauben, Methoden, Ansätze, Paradigmen oder Dispositive haben das Problem offenbar nicht wirksam bearbeiten können. Dahinter steht letztlich ein sogenannter Bias, eine Art Verwechslungsfehler, der das Eigene mit dem scheinbar Allgemeinen verwechselt. Was für mich, meine Umgebung wichtig ist, muss es doch auch für alle anderen sein. Hierin unterscheiden sich moderne und traditionelle christliche bzw. theologische Ansätze interessanterweise wenig voneinander. Beiden geht es, freilich auf sehr unterschiedliche Weise, um eine letzte, für alle und jede:n nachvollziehbare und daher relevante Begründung der Notwendigkeit des christlichen Glaubens.

Es braucht angesichts dessen und angesichts des sichtbaren Leerlaufens dieser Ansätze eine völlig neue Sicht, andere Prämissen bzw. Haltungen, um in dieser Welt des 21. Jahrhunderts, ja um in einem säkularen Zeitalter anzukommen. Die Alternative – und man erlebt dies nicht selten – ist in einem Wort Marc Twains sinngemäß schön auf den Punkt gebracht: „Als wir merkten, dass unsere Konzepte keine Wirkung mehr erzielten, brachten wir sie nur umso intensiver zur Anwendung."

Diese Gedanken möchten, um es noch einmal zu betonen, in keiner Weise relativieren, dass es ein ernstes Kirchenproblem gibt oder besser in sich sehr verschachtelte und beinahe gar nicht mehr zu übersehende systemische und institutionelle Ursachen für den Relevanzverlust. Sie weisen lediglich darauf hin, dass das Phänomen weiter und komplexer ist, als es landläufig scheint und verhandelt wird.

In anderer Reihenfolge: Rechenschaft geben von der Hoffnung, die uns erfüllt

Kürzlich erschienen zwei Bände, die die beeindruckenden Vorlesungen des Fundamentaltheologen Johann Baptist Metz zum Synodendokument „Unsere Hoffnung“ der Würzburger Synode (1971–1975) dokumentieren.[1] Dieses Dokument, ebenfalls von Metz verfasst, stellt in seiner Einleitung fest: „Wir müssen versuchen, uns und den Menschen, mit denen wir leben, ‚Rechenschaft zu geben über die Hoffnung, die in uns ist‘ (1 Petr 3,15). Wir müssen zusehen, dass über den vielen Einzelfragen und Einzelinitiativen nicht jene Fragen unterschlagen werden, die unter uns selbst und in der Gesellschaft, in der wir leben, aufgebrochen sind und nicht mehr verstummen: die Fragen nach dem Sinn des Christseins in dieser Zeit überhaupt. Gewiss, darauf wird es schließlich so viele konkrete Antworten geben, wie es Gestalten lebendigen Christentums unter uns gibt. Gleichwohl dürfen wir den Einzelnen [sic!] in der Feuerprobe solcher Fragen nicht allein lassen, wenn wir nicht hilflose Vereinsamung, Indifferenz und lautlosen Abfall (weiter) riskieren wollen und wenn wir nicht tatenlos zusehen wollen, dass die innere Distanz zur Kirche immer mehr wächst. Wir dürfen die Augen nicht davor verschließen, dass allzu viele zwar noch einen rein feierlichen, aber immer weniger einen ernsten, lebensprägenden Gebrauch von den Geheimnissen unserer Kirche machen. [...] Nur wenn unsere Kirche diese Fragen – zumindest ansatzweise – im Blick behält, wird sie den Eindruck vermeiden, als gäbe sie vielfach nur Antworten, die eigentlich gar nicht gefragt sind, oder als spräche sie ihre Botschaft an den Menschen vorbei. Nur so wird sie auch dem Vorurteil entgegenwirken, sie wolle durch letztlich müßige Reformen den

Verlust an Sinn und Tröstungskraft des christlichen Glaubens überspielen."[2]

Die Weitsichtigkeit von Johann Baptist Metz verblüfft. Offenbar sah er schon die Phänomene im Kern, die heute unübersehbar werden. Er analysiert die Realitäten einer modernen Gesellschaft bereits in den 1970ern und scheint sich keine Illusionen darüber zu machen, wie herausfordernd dieser Zeitkontext ist und werden wird. Metz sieht offenbar, gerade wenn er auf Indifferenzen zu sprechen kommt, dass eine fundamentale Transformation im Gange ist, bleibt jedoch einem Frage/Antwort-Paradigma bzw. einem korrelativen Denken verbunden, gerade weil er angesichts von zu erwartenden Fragen eine Reformulierung des Glaubens vornimmt, also die Antwort erneut zu übersetzen sucht.

Fraglich ist allerdings inzwischen, ob diese Weise bzw. Reihenfolge des Umgangs mit der mittlerweile zugespitzten Situation die einzig angemessene ist bzw. wo sich dieses Frage/Antwort-Verhältnis heute zeigt. In den Niederlanden lässt sich erleben, dass die Frage nach der Bedeutung von Religion bzw. Gott nicht mehr universal, sondern insbesondere aufgrund einer persönlichen Erfahrung relevant wird. So, wie es oben bereits von der Frankfurter Taufbewerberin berichtet wurde. Nach weitgehendem Abschmelzen der volkskirchlichen Polkappen und auch dem immer stärkeren Verblassen eines christlich grundierten „Kulturellen Gedächtnisses", steht zunächst die Erfahrungsdimension des Glaubens im Zentrum. Diese Erfahrungen können sehr weit gefächert sein: persönliche Erlebnisse im Glauben, etwa in der Begegnung mit Schöpfung, das Mitgerissenwerden von Glaubenszeugnissen bei social media oder Erfahrungen bei größeren Glaubensfestivals wie dem Weltjugendtag oder bei Glaubenskursen. Nicht selten steht auch eine persönliche Bekehrungserfahrung im Zentrum. Solche Ereignisse lassen dann häufig eine Suche in

Gang kommen, die weiter fragen lässt. Die Suche ist also keine allgemeine, sondern immer deutlicher anlassgesteuert. Häufig findet sie digital statt. An dieser Stelle wird es wichtig, das subjektiv Erlebte mit dem geglaubten und reflektierten Glauben in Verbindung zu bringen. Dies wird vermutlich immer stärker die Rolle akademischer Theologie innerhalb säkularer Gesellschaften sein. Sie erschließt eine – in sich sehr diverse und individuelle – Lebensrelevanz bzw. das Bedürfnis, weiter zu fragen. Hier werden systematische Ansätze unerlässlich, allerdings nicht als Erstbegegnung, sondern um eine subjektive Erfahrung im Nachhinein auf ein verbindliches Vernunftniveau zu heben bzw. vor dem Hintergrund des geglaubten Glaubens zu reflektieren.

Leider ist über solche Zusammenhänge aus der Empirie noch zu wenig bekannt, das die Frage beantwortet, wie ein ‚zum Glauben kommen' heute faktisch geschieht. Vermutlich passiert dies anarchisch, divers und immer überraschend. Aber genau dies macht es pastoraltheologisch reizvoll.

Woher kommt eigentlich die Vorstellung, dass jeder Mensch Gott braucht?

Wer die Epistellesung in der Osternacht hört, wird unter anderem hier in feierlicher Weise auf dem absoluten Höhepunkt des Kirchenjahres daran erinnert, woher die Relevanzbehauptung des christlichen Glaubens stammt und welche Reichweite sie zu haben beansprucht. Diese Lesung stammt aus dem Römerbrief. Dort heißt es unter anderem: „Durch einen Menschen kam die Sünde in die Welt und durch die Sünde der Tod, und auf diese Weise kam der Tod zu allen Menschen, weil alle sündigten" (Röm 5,12). Ein wenig später: „Ich bin überzeugt, dass die Leiden der gegenwärtigen Welt nichts bedeuten im Vergleich zu der Herrlichkeit, die an uns offenbar werden soll. Denn die ganze Schöpfung wartet sehnsüchtig auf das Offenbarwerden der Söhne Gottes." (Röm 8,18f.) Interessanterweise scheint hier bereits jener Universalismus durch, der bis heute prägend ist. Er wurde zur Maxime und letztlich zur Rechtfertigung der großen Missionsbewegungen. Von nun an wird der Monotheismus missionarisch, was er vorher nicht war. Paulus entwickelt hier zum ersten Mal ein soteriologisches Gesamtkonzept, das das Christusereignis als einmalig und für alle Menschen bedeutsam, weil notwendig deuten soll. „Der Tod kam zu allen Menschen, weil alle sündigten." Genau an dieser Stelle verortet sich unter anderem die theologische Figur einer Notwendigkeit Gottes für alle Menschen. Alle, niemand ist ausgenommen aus diesem Unheilszusammenhang. Also muss auch jede:r den Heilszusammenhang für ein ganzes, heiles, ja heiliges, geglücktes Leben brauchen. Wenn man ersteres auch heute noch für wahr hält: die Realität einer säkularen Kultur sieht deutlich anders aus. Sie entzieht sich diesem als allgemein behaupteten Anspruch und findet andere Lösungen für dasselbe Problem, falls das Problem überhaupt als solches gesehen wird. Auch den in der Geschichte durchaus anzutreffenden inhaltlichen Transformationen des Erlösungsverständnisses gegenüber verhält sich eine säkulare Kultur zusehends neutral. Bevor dieser Gedanke im nächsten Punkt weiter ausgeführt wird, ist allerdings noch ein anderes prominentes Universalitätskonzept zu nennen, das Paulus weiterdenkt: Mit der Erbsündenlehre des Augustinus wird dieses Denken nochmals deutlich profiliert. Der Mensch ist unfreiwillig Opfer bzw. Teil einer universalen Sündenverfallenheit, aus der er sich aus eigener Kraft nicht befreien kann. Daher müssen Kinder möglichst früh getauft werden, um diesem allgemeinen Zusammenhang möglichst schnell entzogen zu werden. Dieser Ansatz bleibt bis in die gegenwärtige Theologie hinein nicht unwidersprochen bzw. wird auf unterschiedliche Weise verständlich gemacht. Was allerdings an allen Auseinandersetzungen mit der Erlösungslehre auffällt, ist die Tatsache, dass der Universalismus erhalten bleibt. Wie man das Christentum auch auffasst, es hat eine Botschaft, die für jeden Menschen Relevanz hat. Selbst die großen freiheitstheologischen bzw. sogenannten letztbegründenden Entwürfe entkoppeln diese Freiheit interessanterweise nicht von der Notwendigkeit.[3] Denn, wenn ein Mensch als vernunftbegabtes Wesen lange und intensiv genug über sich selbst nachdenkt bzw. sich als auf sich selbst zurückgeworfen erfährt, wird sie:er früher oder später auf die Fragen nach einer letzten Instanz bzw. Begründbarkeit gestoßen werden.

Ein Hauptproblem: „Leben in Fülle“ funktioniert ohne Gott

Von all diesen universalen, also für alle Menschen gültigen, einsichtigen und daher relevanten Gegebenheiten hat sich unsere Kultur mehr und mehr entfernt. Sie löst das Band zwischen einem universalen Bedürfnis und einem diesem entsprechenden religiösen Angebot auf. Anders gesagt: Immer sind Menschen auf der Suche nach „Leben in Fülle“ (Joh 10,10), allerdings funktioniert das Suchen und Finden dessen völlig anders als bisher gedacht und zudem rein innerweltlich. ‚Leben in Fülle‘ wird selbst definiert, wird singulär und es braucht dazu keinen allgemeinen transzendenten bzw. metaphysischen Überbau. Je jünger Menschen sind, desto sichtbarer ist dieses Phänomen. Wer aber in jungen Jahren die Relevanz des Glaubens für das eigene Leben nicht erfährt, wird sie aller empirischen Voraussagekraft nach später auch nicht erleben. Ausnahmen, von denen oben bereits die Rede war, bestätigen die Regel. Es gibt generell immer mehr andere Orte, Weisen und Gelegenheiten des Heilserlebens, die buchstäblich nichts zu wünschen übriglassen. Ein derzeit prominenter Ort solcher Selbsttranszendierung ist der (perfekte) Körper. Ob in der Fitnessindustrie, bei der Frage nach der Ernährung bzw. Diätetik oder im Stylen des Subjekts als einzigartig, also singulär, ist die implizite Botschaft mit Händen zu greifen: Das Heile, Ganze, ja das Erlöste mache ich selbst, es ist vollständig von dieser Welt. Es braucht kein universales oder traditionelles Gut mehr, das dabei hilfreich sein könnte. Sicherlich etwas ironisierend bringt der Liedermacher Tim Bendzko diese Mentalität auf den Punkt: „Muss nur noch kurz die Welt retten". Was hier in einfache Worte gekleidet ist, zeigt sich immer deutlicher als Realität. Erlösung und die Frage, wie das gehen soll, sind perspektivisch geworden. Weder die Frage, wovon Gott genau erlösen will oder soll, noch, wie das konkret vonstattengehen kann, spielen heute in einer säkularen Kultur eine wesentliche Rolle.

Das heißt nicht, dass Menschen die Kontingenzen des Lebens – allgemein wie persönlich – nicht mehr wahrnähmen oder nicht mehr unter ihnen leiden würden. Allerdings führt das, wie unter anderem in der Coronazeit sichtbar geworden ist, nicht zu einem Rückgriff auf die Religion. Eher wurden hier ausschließlich wissenschaftliche Problemlösungsstrategien angefragt. Augenfällig wurde dies durch die Dominanz von Virolog:innen (und nicht durch Philosoph:innen oder Theolog:innen) in Talkshows, Nachrichten etc. während der Pandemie. Sie wurden zu Priester:innen für eine Lösung. Ihre Funktion war geradezu metaphysisch bzw. unfehlbar aufgeladen, denn Fehler verzieh die Öffentlichkeit ihnen nur schwer.

Das Copyright auf Weltrettung schreibt sich der Mensch heute in den meisten Fällen selbst zu. Rettung wird ausschließlich gegenwärtig verstanden, damit eine Zukunft sein kann, und das aus eigener Kraft. Sicherlich: Dass der Mensch am Erlösungswerk mitwirkt, stand auch christlich immer außer Frage, wobei die Art der ‚Intensität der Mitwirkung' und die Rolle der Kirche dabei in der Geschichte immer wieder zu Kontroversen führten. Neu scheint allerdings zu sein, dass jegliche metaphysische Verankerung der Weltrettung verloren gegangen ist. Ein ‚Leben im Komparativ', also die Verbesserung bzw. Optimierung bleiben stets ein zentrales Lebensthema. Selbst die Soziologie hat das Thema Selbstoptimierung entdeckt und stellt dies in den Zusammenhang eines „metrischen Wir".[4] Gemeint ist damit eine kapitalistische bzw. neoliberale Mentalität, die das eigene Selbst und seine Identität an messbare Parameter bindet. Body-Mass-Index, Körperfettanteil, Kalorienzahlen, Schrittzähler, oder: Bankkonto, Gehalt, Zahl der Follower bzw. Freunde auf *social media* etc.

Charles Taylor bezeichnet den inneren Motor der von ihm herausgestellten „Säkularität 3" als ein schleichendes „Irrelevantwerden der Gnade". Es meint, dass ein Gnadenerleben – sozusagen das individuelle Kondensat des Erlösungsglaubens – auch ohne Bezug auf Gott und den Himmel möglich wird. Gnade wird vom metaphysisch geschenkten oder erbetenen Gut zu einem Erleben, für das der gesamte Überbau der Jahrhunderte nicht mehr nötig ist. Dieser Prozess, der die Voraussetzung für die Moderne bot, nimmt in unserer Zeit weitere Fahrt auf, je mehr Lebensfülle ausreichend außerhalb religiöser Bezüge erfahrbar wird und die Kirche sich von Skandal zu Skandal hangelt – unter anderem, weil sie ihre neue Rolle inmitten dieser Prozesse noch nicht gefunden hat. Sie hat unter der Hand ihren „purpose", ihr Alleinstellungsmerkmal verloren und versucht nun mittels anderer Relevanzorte eine neue Funktion zu finden. Solche neuen Orte und Weisen sind bereits prominent besprochen. Sie lauten Kirche als „Moralanstalt",[5] NGO, oder zeigen sich im Anlehnen an andere Religionen, denen – wie etwa dem Islam – eine höhere politische Bedeutung zugemessen wird als dem Christentum.

Die neoliberale Eliminierung alles Negativen in der „Positivgesellschaft"

Eingangs war das Optimierungsparadigma als das der heutigen Kirchen- und Religionspraktik zugrunde liegende Denken beschrieben worden. Dieses Paradigma ist nicht allein innerkirchlich leitend, sondern auch gesellschaftlich. Vielleicht haben wir als Kirche mit dem Optimierungsparadigma mehr Anteil an gesellschaftlichen Prozessen, als es uns bewusst ist.

Wenn oben von der Selbstoptimierung als allgemeiner Identitätstechnik die Rede war, dann lohnt es hier noch etwas genauer hinzuschauen. Als Hintergrundfolie dieser Techniken kann nämlich ein Gesellschaftsbild sichtbar werden, das der Philosoph Byung-Chul Han als „Positivgesellschaft" beschreibt.[6] Es ist das Bild einer neoliberalen Leistungsgesellschaft. Sie ist Nachfolgerin der traditionellen, aber auch modernen Disziplinargesellschaft. Die Disziplinargesellschaft trat an das Individuum mit Rollenerwartungen, Regeln oder allgemeinen Konventionen heran, denen man entsprechen musste. Sie diszipliniert in klassischen ‚Anstalten' dasjenige, was nicht in die vorgegebene Erwartung eines modernen bzw. traditionellen Menschen passt. Moderne und Vormoderne unterscheiden sich hier lediglich bezüglich der Bilder und Mittel, jedoch nicht durch das Faktum der Disziplinierung an sich. Das Allgemeine steht über dem Einzelnen bzw. Besonderen oder Individuellen. Diesen Mechanismus der Disziplinierung legt die Leistungsgesellschaft nun *in das Individuum hinein*. Die:der Einzelne wird zum Mittel, Ort und Ausgangspunkt der Disziplinierung. Damit löst sich jede von außen kommende Erwartung oder allgemeinere Konvention mehr und mehr auf. Aus einem „Gehorsamssubjekt" wird ein „Leistungssubjekt". Wo vorher Spitäler, ‚Irrenhäuser', Gefängnisse, Kasernen und Fabriken (und Priesterseminare!) standen, finden sich diese nun abgelöst durch Tempel des disziplinierenden Selbstvollzugs: Fitnessstudios, Shoppingmeilen, Banken, Genlabore. Anstelle von Ge- oder Verbot, Gesetz oder Konvention stehen nun Projekt, Selbstinitiative und Motivation. Für diesen Umschwung ist jedoch noch etwas anderes wesentlich: Das Negative der Disziplinargesellschaft passt nicht mehr in eine neoliberal regierte Leistungsgesellschaft. Denn allein die Erwähnung und das Zugeständnis des Negativen können die Atmosphäre für einen guten ‚*Deal*' beeinträchtigen. Es geht um ein entgrenztes Können. Das Gute kann immer noch besser werden. Und: Innovation geht vor Tradition. Die Leistungsgesellschaft ist eine Positivgesellschaft des „I like". Ihr psychologisches Pendant, das auch in zahlreichen Managementkursen zum Tragen kommt, ist die „positive Psychologie": Der Daumen zeigt immer nach oben, die Lösung findet sich in Dir. Du kannst es. „Yes, we can!" Damit jedoch ist nicht nur eine wesentliche Dimension des Menschseins ausgeblendet, der Mensch wird auch zum Erlöser seiner selbst. Und, was vor allem wichtig ist: Die Materie zur Selbstverbesserung ist nicht etwas Negatives (das Böse, die Sünde, Entfremdungen, etc.), sondern es ist der als positiv und grenzenlos begabt gedachte Mensch an sich. Die Disziplinargesellschaft, so Han, erzeugt Verrückte und Verbrecher, die Leistungsgesellschaft Depressive und Versager.

In dieser Kultur kommen alle (!) Auffassungen des christlichen Heils- und Erlösungsverständnisses an eine deutliche Grenze. Man hatte ja gerade in der Theologie des 20. Jahrhunderts versucht, klassische Terminologien in moderne zu übersetzen. Da wurde aus dem sündigen Menschen der entfremdete, und sündig waren insbesondere die Strukturen. Die Situation der Leistungs- bzw. Positivgesellschaft überführt allerdings alle diese Ansätze der Überflüssigkeit. Wenn der Mensch aus sich selbst alles kann, jede Entfremdung – so sie:er sie denn als solche erlebt – aus sich heraus aufheben kann, braucht es keine Religion mehr, die eben dies verspricht.

Das bedeutet für die Pastoral, dass sie nicht mehr mit einem Mangelparadigma agieren kann: Dir fehlt etwas, was Du bei uns findest. Allenfalls im Ritualbereich kann es vorkommen, dass der Schatz des Christlichen etwas bereithält, das dann jedoch häufig im Bereich der Selbstoptimierung bzw.- transzendierung liegenden Prozessen dienen soll. Eine Religion bzw. Pastoral, die auf allgemeinen Kontingenzunterstellungen beruht, wird in diesen Zusammenhängen ort-, weil funktionslos. Sie befindet sich damit inmitten der Auflösung eines Allgemeinen, auf das sie nicht mehr bauen kann. Ihr benannter Universalismus kann nur normativ bzw. postulatorisch, im Sinne einer gesetzten bzw. geglaubten Annahme weiterhin gelten, allerdings zeigt er sich in seiner Übertragung auf eine empirische bzw. phänomenologische Ebene als nicht real.

Dies alles führt das Christentum in eine bislang ungeahnte bzw. unbekannte Situation: Es kann nicht mehr von einer allgemeinen Suche ausgegangen werden, Korrespondenzpunkte erweisen sich als haltlos, und als existentiellste Anfrage zeigt sich der eigentliche Ansatzpunkt einer Heilsbedürftig- und -notwendigkeit immer deutlicher als ein Anker, der nicht verfängt. Wie man das Christentum auch übersetzt, welche Kategorien man dazu auch gebraucht, immer mehr moderne Menschen des 21. Jahrhunderts finden ihr Heil und Glück nicht mehr innerhalb von Koordinaten, die das Christentum als hierfür unverzichtbare Voraussetzungen auffasst.

Freilassen: Den christlichen Universalismus neu denken

Diese Realitäten haben unmittelbare Auswirkungen auf das christliche Selbstverständnis. Zunächst scheint es wesentlich, unsere Gegenwartskultur in ihrem So-Sein freizulassen, ohne ihr – eventuell ressentimentgeladen – eine Dekadenz zu unterstellen. Eine solche, womöglich in seelsorglichen Kontakten lediglich habituell eingenommene Perspektive kann sich pastoral als äußerst destruktiv erweisen und alte Klischees lebendig machen bzw. erhalten. Vielmehr geht es tatsächlich um eine Haltung des Freilassens von Menschen und der Wirkweisen des Evangeliums an und mit ihnen. Letztlich zielt dies auf die Akzeptanz der Tatsache, dass es zunehmend viele Zeitgenoss:innen gibt, die auch ohne Gott, Glaube und Kirche ein erfülltes Leben führen können, ohne dass ihnen dabei irgendetwas fehlen würde. Das ist ungewohnt, allerdings scheinen uns die bisher beschriebenen Phänomene hier zu einem Umdenken aufzufordern. Wenn man sie tatsächlich nicht nur als Verfall, sondern auch als „Zeichen der Zeit" im Sinne des Konzils interpretieren möchte, könnte dies zu einem anderen Verständnis des christlichen Universalismus führen.[7] Dieses ist nicht neu, sondern eher vergessen und stammt aus einer Zeit, als die christliche Religion in der Antike vor der konstantinischen Wende schon einmal in einer Minderheitenposition war. Der evangelische Kirchenhistoriker Christoph Markschies beschreibt die Situation während der ersten Jahrhunderte als eine universale und gleichzeitig inklusive, auch wenn noch überhaupt nicht absehbar war, dass das Christentum zur Mehrheitsreligion werden würde.[8] Es sei, so Markschies, für die Christ:innen damals überhaupt noch kein realistisches Ziel gewesen, alle zu bekehren. Vielmehr war es ihnen, die nicht mehr als 10 % der Gesamtbevölkerung im römischen Reich ausmachten, wichtig, *dass es überall im Reich Christ:innen gab* – weniger, dass alle Christ:innen würden. Man könnte es auch so übersetzen: Wichtiger als die Tatsache, dass alle glauben, ist die Präsenz des Evangeliums an allen Orten, damit alle glauben könnten, wenn sie es wollten. *Christwerden und die Zugehörigkeit zur Kirche wären dann somit kein Zweck an sich, sondern funktional der Präsenz des Evangeliums als lebendiger Option untergeordnet.*

Eine weitere Spur zum Verständnis eines anderen Universalismus hat die Kirche in der Liturgie nach dem Zweiten Vatikanum gelegt. Sie zeigt sich in der Fürbitte für die Juden am Karfreitag. War vorher in deutlich antijüdischer Tonalität von den „treulosen Juden" die Rede, die nach traditioneller Lesart das Heilsangebot in Jesus Christus ausgeschlagen hatten, kommt nun eine ganz andere Weite und Offenheit zum Tragen. Anders als bei der Bitte für die Ungläubigen, bei denen um die Erkenntnis der Wahrheit gebetet wird, findet sich hier eine Formulierung, die tatsächlich aufmerken lässt: „Er [Gott; J. L.] bewahre sie in der Treue zu seinem Bund und in der Liebe zu seinem Namen, damit sie das Ziel erreichen, zu dem sein Ratschluss sie führen will." Hier wird es letztendlich Gott überlassen, auf welche Weise er Erlösung schenkt. Diese vornehme Zurückhaltung könnte die Kirche vielleicht auch bezüglich aller Menschen üben, welche aus unterschiedlichen Gründen das Heilsangebot Gottes, das die Kirche vermitteln möchte, nicht annehmen bzw. es gar nicht kennenlernen konnten oder wollten. Dies meint nicht, auf Dialog und Gespräch zu verzichten. Es meint, dessen Ausgang letztlich Gott anzuvertrauen. Denn die Kirche ist bekanntlich nicht Eigentümerin des Heils, noch hat sie es selbst gewirkt. Häufig genug hat sie das Gegenteil getan und dies nicht selten bedingt durch ein falsches, zwangsgesteuertes Verständnis des Heils. Sicherlich, solche Gedanken müssten theologisch nochmals deutlicher und argumentativ schärfer gefasst werden. Allerdings scheint hier eine Spur zu liegen, die in die Gegebenheiten säkularer Selbstverständlichkeiten auf eine konstruktive Weise hineinführen könnte.

Eine Pastoral, die sich einerseits nicht davon abbringen lässt, dass das Evangelium etwas absolut Einzigartiges ist, seine Universalität aber anders versteht, könnte daher neue Souveränität erlangen. Nicht aus Abgrenzung, Beleidigtsein oder Depression, sondern aus einem Heilsverständnis, das anbietet und zugleich Menschen in der Annahme dieses Heils absolut frei lässt bzw. sie als solche versteht.

D „Was mach ich mit mir, wenn die Welt nicht so ist, wie ich sie gerne hätte?“ (Ruth Cohn) Perspektiven eines Christentums in der Transformation

Das Wiederentdecken des rettenden Außen

Das Christentum erlebt derzeit eine zunehmende Irrelevanz seines Uranliegens. Kirchenreformen sind notwendig, werden sich jedoch aller Voraussagekraft nach nicht als hinreichend erweisen. Hinzu kommt die Krise und Kernschmelze, die Priester selber dem sakramentalen Wesen der Kirche zugefügt haben, indem sie es durch den Missbrauch junger Menschen pervertierten. Das ist mehr als eine Glaubwürdigkeitskrise. Wo gerade diejenigen, die Heil bringen sollen, ja dazu geweiht sind, „zum Heil der Menschen für Gott zu leben“, wie es im Ritus der Priesterweihe heißt, Trauma und Tod bringen, ist das Innerste in diesen jungen Menschen ebenso wie im Wesen der Kirche fundamental beschädigt. Vermutlich stehen wir erst am Anfang, diese Prozesse wirklich zu begreifen. Sie reichen weit über eine Krise der Institution hinaus.

Wie nun weiter in dieser Situation? Sicherlich, die Tiefe der Krise dispensiert nicht von strukturellen Reformen auf der Linie des Optimierungsparadigmas. Vielleicht aber ist daneben aber auch eine habituelle Veränderung angesagt. Nicht, dass sich in erster Linie andere und anderes ändern müssen, sondern der eigene Blick. So, wie es Ruth Cohn sagt: „Was mache ich mit mir, wenn die Welt nicht so ist, wie ich sie gerne hätte?" In diesem Sinne sind Christ:innen angesichts der beschriebenen Situation zunächst auf sich selbst zurückgeworfen.

Die obige Situation weist auf den benannten Tatbestand, der unsere gesamte westliche Kultur immer deutlicher zu bestimmen scheint: Der Mensch findet die Lösung seiner Probleme in sich selbst. Hilfe ist Hilfe zur Selbstentdeckung und Förderung der eigenen Kapazitäten. Dies ist zweifelsohne richtig und überhaupt nicht zu kritisieren. Eine solche Haltung kommt allerdings an bestimmten Punkten an natürliche Grenzen. Es ist in diesem Zusammenhang interessant, dass eine der letzten großen modernen Befreiungs- bzw. Erlösungserzählungen, das Resonanzkonzept des Soziologen Hartmut Rosa, zwei Themen ausspart: Schuld und Tod.[1] An anderer Stelle führt Rosa allerdings das Gebet wieder ein und sieht es als eine passende Weise der Bewältigung menschlicher Unverfügbarkeit.[2] Vielleicht zeigt sich an diesem Changieren eine interessante Bewegung. Einerseits möchte und kann man sicherlich lange (viele sicherlich immer) auf eine transzendente Resonanz bzw. einen entsprechenden Bezug verzichten, an manchen Stellen ploppt er allerdings wieder auf. Hier ist die Frage, wie lange dies noch der Fall sein wird, wenn das Christentum – wie etwa in den Niederlanden oder in Skandinavien – immer mehr aus dem kulturellen Gedächtnis verschwindet. Wesentlich ist an dieser Stelle allerdings eine andere Frage: Wie verhält es sich mit der sogenannten ‚Alteritätsstruktur' des Glaubens und des Lebens, für die gerade das Christentum mit seiner Erzählung von der Erlösung steht? Das Christentum kann nicht darauf verzichten, dass Gott das Heil des Menschen – freilich mit seiner Mithilfe – wirkt. Es entleert sich völlig, wenn es auf keine Alterität mehr Bezug nimmt, also auf das Verständnis eines von außen kommenden Heils.

Die Grundfragen wären daher: Wer bzw. was rettet uns? Oder machen wir das (lieber) selbst? Sind wir bereit, die Grenzen unserer Selbstständigkeit zu sehen und sie zu Orten werden zu lassen, die für uns und andere heilsame Erfahrungen ermöglichen können? Überraschungen, die wir gar nicht für möglich gehalten hätten? Diese Fragen können unter modernen Vorzeichen nur noch individuell beantwortet werden. Allerdings wäre, wenn sie niemand mehr bejaht, das Christentum tatsächlich am Ende. Doch es beginnt neu, wo Menschen für sich sehen, was es heute für sie bedeuten kann, erlöst zu sein. Welche Kraft, Freiheit und Entlastung darin steckt, nicht alles selber machen zu müssen, ja das eigene Leben letztlich zu verdanken. Karl Rahner beschreibt diese Zusammenhänge einmal so: „Wenn einer es nicht fertigbringt, nicht fertigbringen will, Gott um seiner selbst willen zu lieben, so, dass man scheinbar gar nichts davon hat, der muss eine partikuläre Wirklichkeit notwendig als einzelne verabsolutieren und zum letzten Richtmaß machen.“[3]

Um dies zu verstehen bzw. zu beherzigen, was eine solche Antistruktur bedeutet und dass ihre Existenz keineswegs abwegig ist, kann ein weiterer Gedankenschritt helfen. Die hergeleitete und verbreitete Haltung eines sich selbst genügenden Menschseins, das alle Anlagen und Möglichkeiten zum Gelingen des eigenen Lebens bereits in sich trägt, beruht letztlich auf einem Missverständnis. Es mag in Bezug auf religiöse Fragen und Inhalte hin stimmen, menschlich allerdings nicht. Denn hier sind wir sehr wohl auf ein Außen verwiesen. Eine der größten Schicksalsfragen von uns Menschen scheint zu sein: „Bin ich liebenswert?“ „Werde ich geliebt?“ Beide Bedürfnisse stehen einem radikalen Autonomiedenken gegenüber, das den Menschen als eine ausschließlich selbstbestimmte Monade begreift. Menschliches Leben geht nicht ohne Alteritätsstruktur, und auch eine mehr und mehr narrative Kultur benötigt die Bestätigung des Erzählten von außen („I like").

Hinzu kommt ein weiterer Gedanke, der dann jedoch wiederum die Kirchengestalt betrifft. Aus den obigen Gedanken folgt, dass sich Christinnen und Christen in Europa zunehmend in einer Diasporasituation wiederfinden werden. Dabei spielt sicherlich der Landstrich, in dem man lebt, mittelfristig eine Rolle. Doch zeitversetzt wird der Glaube aller Voraussicht nach auch in klassisch katholischen Gegenden und Landstrichen immer mehr in Vergessenheit geraten. Beim Weg in die Diaspora spielt jedoch emotional eine „Angst, wenige zu sein", eine nicht unwesentliche Rolle.[4] Dieser Ausdruck stammt von Albert Rouet, dem ehemaligen Bischof von Poitiers. Er sieht diese Angst bei allen realistischen Perspektiven dennoch gegeben. Sie ist deshalb eine Bremse, weil sie eventuelle Ansätze eines kreativen Umgangs mit der Jetzt-Zeit lähmen könnte. Diese Versuchung ist sicherlich gerade in einer noch finanziell gut aufgestellten Kirchenlandschaft gegeben. Man macht sich letztlich etwas vor bzw. versucht unliebsame Entscheidungen möglichst weit weg zu schieben. Mitunter kann das so weit gehen, dass sie einem so mittel- bis langfristig abgenommen werden, weil jeglicher Entscheidungsspielraum verschwindet. Auch die Diaspora ist eine Situation, die uns von außen zugemutet wird. Eine Zumutung, mit der man allerdings unterschiedlich umgehen kann.

In diesem Abschnitt werden vor dem Hintergrund dieser Gedanken Umgangsweisen vorgestellt – oder besser: vorgeschlagen –, die angesichts der bis hierher skizzierten neuen Ausgangslage des Christentums angemessen sein könnten. Diese Veränderungen sind nicht mehr als Schneisen, die sich im Rückverweisen auf uns selbst ergeben können. Sie sind weder ‚die Lösung‘ noch vollständig. Immer spielt jedoch in ihnen die hergeleitete Alteritätsstruktur des Glaubens eine Rolle. Es sind Ideen, die weniger auf ein ganz konkretes neues Handeln, ein wiederum ausgefeiltes Pastoralkonzept mit allgemeiner Gültigkeit zielen und schon gar nicht eine neue Dynamik von Struktur- oder Organisationsprozessen initiieren möchten. Sie heben allenfalls auf eine Änderung oder Anpassung innerer Bilder, persönlicher und gemeinsamer Ziele sowie innerer Haltungen ab. Vielleicht kann und darf nicht mehr gefordert werden, als dass man sich gerade in der Verantwortung für pastorale Prozesse zunächst untereinander über gemeinsame Bilder und ihre Möglichkeiten bzw. Begrenzungen verständigt. Dies könnte eine Weise sein, das Transformationsparadigma wirklich ernst zu nehmen. Zugleich sind unterschiedliche Orte so divers, komplex und unvergleichbar, dass allzu konkrete praktische Vorschläge oder Konzepte für reelle Situationen wenig Aussicht auf eine tatsächliche Wirksamkeit hätten. Sie wären schließlich vor den Hoffnungen des Optimierungsdenkens nicht gefeit.

Aufhören lernen

Es gehört zu den Erfahrungen des pastoralen Fortbildungssektors oder aus Prozessen von Gemeindebegleitungen, Kirchenentwicklungsvereinbarungen und vielem anderen auf diesem Feld, dass etwa in Team- oder Gruppenprozessen leicht zu bestimmen ist, was auf jeden Fall beibehalten werden, also auch künftig Priorität haben soll. Die andere Seite, sozusagen die Posterioritäten sind nur unter großen Diskussionen und, wenn überhaupt, sehr schwierig festzulegen. Dinge sein zu lassen in der Pastoral, den Abschied von ihnen begründet und zugleich begleitet zu vollziehen, erweist sich als vielfach schmerzlicher Prozess. Allerdings zeigt jeder Blick auf die künftig auf unterschiedlichen Ebenen rapide geringer werdenden Ressourcen, dass der Abschied und das Aufhören unweigerlich kommen werden.

Eine Entscheidung gibt es nur noch zwischen passiv geschehen lassend oder gestaltet und gewollt. Zu einer Kirche in den Transformationen der Gegenwart gehört nicht nur Innovation, die der Optimierung nahe ist, sondern mindestens ebenso wichtig ist eine verantwortete „Exnovation". Die Corona-Pandemie hatte es in Gestalt verschiedener Lockdowns und dem ihnen jeweils folgenden Anfahren des gesellschaftlichen Lebens deutlich gezeigt: Mit Vertrautem wieder anzufangen, liegt dem Menschen deutlich näher, als damit aufzuhören. Das Thema Aufhören scheint allerdings Anfang der 2020er Jahre kulturell Konjunktur zu haben. Es zeigt sich soziologisch als Gegenpol zum oben erwähnten (Selbst-)Optimierungsdiskurs. Im Frühjahr 2022 berichteten etwa Berufstätige aus unterschiedlichsten Feldern in einer großen Kolumne auf ZEIT ONLINE und mitten in der „Rush Hour" ihres Lebens davon, wie sie mit dem, was sie gerade taten, was sie prägte und womit sie gutes Geld verdienten, aufgehört hatten. Oft war damit die Entscheidung gegen die nächste Karriere- und Gehaltsstufe verbunden. Vorausgegangen war dem einige Monate vorher ein Leser:innenaufruf unter der Frage: „Haben Sie keine Lust auf Karriere?" Parallel dazu führt die durch Bundeskanzler Olaf Scholz in Reaktion auf den Ukrainekrieg ausgerufene „Zeitenwende" viele dazu, mit liebgewordenen Weltbildern bzw. friedensethischen Überzeugungen zu brechen und damit eine eigene Art des Aufhörens zu erproben. Der Kultursoziologe Harald Welzer hat dieses Thema bereits 2021 aufgegriffen und in seinem in kürzester Zeit wiederholt aufgelegten Band „Nachruf auf mich selbst. Die Kultur des Aufhörens" in einer Mischung aus biographisch-narrativen Berichten, dokumentierten Gesprächen und Recherchen sowie persönlichen Gedanken aufbereitet.[5] Welzer zeigt, dass nicht nur überlebte Schicksalsschläge, sondern auch einfache Lebensweisheiten aus verschiedenen kulturellen Bereichen das Aufhören zu einer buchstäblich überlebenswichtigen Entscheidung machen können. So berichtet etwa Reinhold Messner, wie die Einsicht in die Grenze und damit das Aufgeben ursprünglicher Expeditionspläne einen rettenden Effekt hätten. Allerdings belegt Welzer, dass wir in unserer neoliberalen, auf ständiges Wachstum hin orientierten Kultur über keinerlei erlernbare Kulturtechnik des Aufhörens verfügen.

Diese Phänomene können aus christlicher Sicht eine interessante Schlussfolgerung beisteuern: Ist nicht gerade das Christentum ein wertvoller Ressourcenspeicher,[6] da es auf unterschiedlichen Ebenen Techniken des Aufhörens kennt und kultiviert? Etwa durch die Erfahrungen in Trauerbegleitungsprozessen, Praxen des Fastens und vor allem durch das Wissen um das österliche Geheimnis, in dem Auferstehung nur nach dem tatsächlichen Sterben und Tod möglich wurde.

All dies verkörpert zudem jene Alterität, von der oben die Rede war. Sie kann gerade in Projekten des Aufhörens eine Souveränität schenken: dass ich nicht alles selber machen muss, nicht alles erreicht haben muss, was ‚man' von mir erwartet, sondern dass das Eigene immer in einem größeren Zusammenhang zu sehen und darin aufgehoben ist.

Ein eminent wichtiger Bereich ist hier zudem derjenige der Rituale, von denen unten auch noch die Rede sein wird. Nicht nur, dass jedes Ritual die Phase der Trennung kennen muss. Das Christentum verfügt auch hier über vielerlei sprechende Zeichen, an denen das Aufhören als Kulturtechnik erlernbar und begehbar werden kann: womöglich zuallererst für pastorale Zukunftsprozesse.

Spiritualität der Transformation: der Karsamstag

Theologisch ist viel geschrieben worden über den Karsamstag als Tag der Leere, des Übergangs und der Begegnung des Alten mit dem Neuen. Großartig sind die Bilder, wie der Gekreuzigte zu den Urvätern hinunterfährt und so das Vorherige und Künftige in seiner Person verbindet. An der Oberfläche jedoch bleibt die Leere. Der Karsamstag, die augenscheinliche Leere, bedeutet also nicht, dass nichts geschieht. Er ist in der Tradition beides: das ‚Schon' und das ‚Noch nicht'. Er beinhaltet die Andeutung einer neuen Gestalt und zugleich das radikale Nichts. Eine Leere, die sein muss, damit Neues wirklich werden und wachsen kann. Es gehört vielleicht zu den wesentlichen Lernerfahrungen der gegenwärtigen Zeit des Christentums, dass die Ohnmacht ein Ort der Gotteserfahrung ist. Dort, wo alle Rezepte und Konzepte wenig bis nichts mehr austragen, kann eine große Weisheitserfahrung verborgen liegen. Im Winter wächst die Saat, allerdings nicht sichtbar und machbar.

Wer heute während des österlichen Triduums am Karsamstag eine katholische Kirche aufsucht, erlebt meistens, wie schwer man sich in der Praxis mit der Ohnmachtsdimension des Karsamstags tut. Der Karsamstag gehört meistens zu den aktivsten Tagen des Kirchenjahres in einer Pfarrei, die Leere des Kirchenraums wird schnell mit Osterschmuck überdeckt. Was menschlich und organisatorisch sehr nachvollziehbar ist, offenbart als Selbstbild allerdings etwas Fundamentales: die Versuchung, Leere nicht aushalten zu können oder zu wollen, weil man ihrer Kreativität nicht recht zu trauen scheint. Aber die Zeit und alles, was wir empirisch bzw. religions- und kirchensoziologisch wissen können, scheint uns sagen: *Ihr kommt um die Erfahrung der Leere und des notwendigen Abschieds nicht herum.* Noch lässt sich die Leere verschleiern oder verzieren, denn es ist in der Kirche und mit der Kirche immer noch sehr viel los. Aber auch Aktivitäten oder sogar Aktivismen können ein Ausweis der Hilflosigkeit gegenüber faktischen, noch nicht ganz zugelassenen Leerstellenerfahrungen sein.

Was für die Pastoral gilt, ist in vergleichbarer Weise für die öffentliche Präsenz der Kirchen bzw. des Christentums in der Gesellschaft richtig. Es scheint, dass man sich bisweilen an jedem Strohhalm einer öffentlich bzw. von außen bescheinigten Relevanz hochzieht. Sei es, dass man die doch noch manchmal aufpoppende religiöse Praxis von Spitzensportler:innen oder -politiker:innen kirchlich-medial vermarktet („XY sagte im Interview, dass sie:er regelmäßig betet") oder zeigen mochte, wie unverzichtbar man kirchlich ist, indem man sich gern in die Nähe politischer Machtsphären begibt. Die Leere, ein nicht Gebraucht-Werden, wird hier zu selten thematisierbar oder zugestanden. Es könnte sein, dass man sich damit wertvollen Lernerfahrungen für eine künftige Kirchengestalt verschließt.

Eine weitere Strategie, die Leere insbesondere innerhalb der deutschen Kirche zu verschleiern, liegt im Umbau. Man baut Kirchen oder ehemalige Gemeindehäuser architektonisch um und führt sie so einem neuen Zweck zu. Die Leere soll damit überspielt werden, indem man mittels der einen (noch!) vorhandene ‚Ressource Geld' die andere, nicht mehr verfügbare ‚Ressource Gläubige' kompensiert. Einmal werden Kirchen verkleinert, der Altar- in den Gemeinderaum verlegt und dies mit der Liturgiereform des Zweiten Vatikanischen Konzils begründet. Der Vorteil: Man verkleinert den Gemeinderaum und die Leere ist wiederum (für absehbare Zeit zumindest) gefüllt. Eine weitere Umbaumaßnahme liegt im Umwidmen ehemaliger Kirchen- und Gemeinderäume für andere, zumeist diakonische Zwecke: Seniorenheime, Hospize etc. Das gelingt allerdings wiederum nur, weil noch genügend Geld vorhanden ist, das solche Umbauten möglich und die eigentliche Leerstellenerfahrung dahinter vergessen machen kann.

Eine Spiritualität des Karsamstags steht jedoch für etwas anderes. Sie ist realistisch genug, Wirklichkeiten anzuerkennen und illusionslos mit ihnen umzugehen. Sie lernt aus Erfahrungen des Verlustes und des Verlorengegangenen. Sie kann differenzieren, was daran gut und – soweit möglich – in anderer Gestalt erhaltenswert ist, sieht aber auch die Grenzen des Vergangenen, das, was vorbei ist und wohin man nicht zurück möchte. Sie kann auf neue Weise frei sein und machen, weil vormalige Konventionen und Erwartungen relativiert sind oder überhaupt nicht mehr bestehen. Die Leerstelle wird zu einem Freiheitsort, wenn sie als ein Ort der geistlichen Unterscheidung an- und ernst genommen wird.

Vor allem aber ist die Leere ein Ort, an dem sich die Frage nach außer- wie innerkirchlicher Macht und ihrer Gestaltung völlig neu stellt. Das universale Rettungsnarrativ des Christentums war jahrhundertelang die Rechtfertigung für die kirchliche Macht über den Menschen und den Totalzugriff auf ihn: auf sein Handeln (Moral), die Art und Weise seiner Beherrschung (Politik) und seine Art zu glauben (Spiritualität und Religion). All das zerbricht die Leere der Nicht-Notwendigkeit. Sie setzt den Menschen und Gott gleichermaßen frei, um – frei entschieden – auf neue Weise miteinander in Kontakt zu kommen, weitgehend unbelastet durch das Bisherige.

Angesichts der Leerstelle erscheinen schließlich auch manche innerkirchlichen Machtkämpfe wie eine Art ‚Streit um die Liegeplätze auf dem Sonnendeck der Titanic'. Es bleibt schließlich abzuwarten, ob die gerade im zweiten Teil beschriebenen Prozesse so viel Mobilisierungspotential nach innen besitzen werden, dass sie als gemeinsamer Bezugspunkt alte und neue Zerwürfnisse relativieren helfen.

Souveränitätsgewinn durch Souveränitätsverzicht

Mithilfe welcher kirchlichen und pastoralen Haltung sollten oder könnten dann die anstehenden Transformationen idealerweise gestaltet werden? Vielleicht hilft hierzu eine Erinnerung an die jüngere deutsche Geschichte. Der Historiker Andreas Rödder hat in seinem Band „Wer hat Angst vor Deutschland?" einen interessanten Nachweis geführt.[7] Er beschreibt, wie Westdeutschland nach der Katastrophe von Holocaust und Zweitem Weltkrieg zu einem akzeptierten Teil der internationalen Staatengemeinschaft wurde. Dies geschah, so Rödder, insbesondere dadurch, dass die junge Bundesrepublik und ihre Repräsentant:innen keine Privilegien forderten, die Frage nach der Kriegsschuld eindeutig beantworteten und in allem – um einen geistlichen Begriff zu gebrauchen – demütig auftraten. Rödder beschreibt den Prozess als Wiedergewinnung internationaler staatlicher Akzeptanz und Souveränität durch den Verzicht auf alle Ansprüche. Souveränitätsgewinn durch Souveränitätsverzicht. Angesichts der desaströsen kirchlichen Lage und ihres zerstörten Ansehens in der Gesellschaft insbesondere durch die Skandale des massiven sexuellen Missbrauchs und seiner verschleppten Aufarbeitung könnte diese Haltung daher ratsam sein, ebenso wie inmitten der oben beschriebenen Transformationsprozesse. Interessanterweise wird nämlich der Verzicht auf Privilegien auch von Seiten namhafter Religionssoziolog:innen als eine wichtige Haltungsänderung inmitten kirchlicher Zukunftspläne beschrieben. Keine „Rückzugsgefechte" zu führen und nicht alles nach dem Motto „Retten, was zu retten und halten, was zu halten ist" gestalten wollen, könnte ebenfalls den Weg in eine neue Freiheit bahnen. Sicherlich, gerade in Deutschland hat die „kooperative Trennung" von Kirchen und Staat während der vergangenen mehr als 70 Jahre viel Segen in sich getragen.[8] Sie kann allerdings, wenn sie im Sinne eines Anrechtsdenkens kirchlicherseits verteidigt wird, zum Hemmschuh für eine weitere konstruktive Zusammenarbeit zwischen Kirchen und Staat bzw. der Gesellschaft werden. Hier geht es nicht um eine ‚Entweltlichung', vielmehr um eine neue ‚Verweltlichung', die eine neue instruktive Rolle von Religion und Kirchen inmitten einer nichtchristlichen Mehrheitsgesellschaft zum Ziel hat. Gerade dazu sind jedoch weitere Überlegungen auf mehr konzeptioneller Ebene wichtig. Es geht nämlich an und um die Prämissen, also an die meist unhinterfragten Denkvoraussetzungen.

Von einer allgemeinen Bedürfnis- zur Diversitätsprämisse

Eine Prämisse, vergleichbar mit dem Vorzeichen vor einem mathematischen Klammerausdruck, bestimmt die jeweiligen Inhalte. Ihre Veränderung verändert alles. Wir kommen aus einer Zeit, in der man unhinterfragt davon ausging, dass der Mensch nicht nur fähig ist, Gott zu erkennen *(„Homo capax Dei“)*, sondern diese Kenntnis für das Heil auch notwendig ist. Diese Gottesnotwendigkeit ist tückisch, um nicht zu sagen tragisch. Was über die Jahrhunderte autoritär aufgeladen und bisweilen absolutistisch gefüllt wurde, was als Heilsvorstellung unter anderem hinter einem mehr als problematischen Missionsverständnis stand, erfährt im 20. Jahrhundert eine Veränderung. Man denkt den Gottesbezug vom Menschen her. Er ist Adressat der Offenbarung, es geht um einen Dialog mit Gott und untereinander. In diesem Gespräch lässt sich entdecken, was der Mensch braucht, was ihn „unbedingt angeht“. War vorher das autoritäre Vorlegen des zu Glaubenden angesagt, wird im 20. Jahrhundert auf Einsicht und Entscheidung, auf Berufung und Wahl gesetzt. Allerdings hatte die Sache einen Haken: Wer nicht zu der logischen und daher gebotenen Glaubenseinsicht kam, der bzw. dem wurde auch unterstellt, dass die höchste Stufe des Menschseins noch nicht erreicht war. Dies lässt sich durch alle kirchen- bzw. theologiepolitischen Lager feststellen, und auch das letzte Konzil war davon überzeugt.[9] Das Ziel des menschlichen Lebens ist Gott und der christliche Glaube stellt die beste nur vorstellbare Lebensbegleitung dar. Der Mensch ist ein religiöses Wesen, also zutiefst gottesfähig und damit auf das Wort Gottes hin angelegt. Dafür besitzt er ein übernatürliches Existential.[10] Hier offenbart sich erneut ein Gedanke, der bereits oben eine wichtige Rolle spielte: der Universalismus. Dahinter stand dann zugleich auch eine gewisse Überheblichkeit: Wir wissen, wie gutes Leben geht; ohne Gott und Glaube kann es kein wirkliches Heil bzw. Glück geben. Letztlich lässt man allerdings damit menschliche Entscheidungen nicht frei, sondern etikettiert sie nach den eigenen, für alle als gültig und maßgeblich gesetzten Kriterien. Dass Glück selbstgesucht und -definiert sein kann und darf, entzieht sich diesem Denken. Solche Vorzeichen einer als allgemein vorausgesetzten Notwendigkeit und Linearität stehen hinter dem, was hier als „Bedürfnisprämisse“ bezeichnet werden soll. Diese besagt: Jeder Mensch hat ein Bedürfnis nach Deutung und Vollendung des Lebens und dieses ist auf beste Weise innerhalb des christlichen Koordinatensystems zu erfüllen.

Nun zeichnet es eine säkulare Kultur aus, dass sie sich solchen Setzungen entzieht. Sie ist in diesem Sinne tatsächlich frei, da sie keinen allgemeinen Begriff von Glück oder Freiheitsgebrauch mehr kennt. Säkulare Menschen leben ihr Leben nach eigenen Koordinaten, selbstgewählten Zielen und weitgehend unabhängig von allen traditionellen oder sonst wie gearteten Vorgaben. Was erfülltes Leben heißt, ob es ein Leben nach dem Tod oder einen Himmel braucht, in dem letzte Gerechtigkeit gesprochen werden wird, entzieht sich jeder Vorgabe. Für manche ist dies weiterhin einsichtig bzw. wichtig, für andere spielt all dies gar keine Rolle oder bildet noch nicht einmal eine bekannte Kategorie. Es ist völlig divers, wie Menschen ihr Leben leben, deuten, welche Relevanzen sie wählen oder ob ihnen all das völlig gleichgültig ist. Leben lässt sich daher nicht mehr allgemein normativ bestimmen, sondern diese Phänomene lassen sich zuallererst beschreiben. Mit einer moralischen Wertung sollte man vorsichtig bleiben, wiewohl man hierzu gerade als Christ:in eine Meinung haben kann. Diese Phänomene beschreiben die Diversitätsprämisse. Sie geht nicht mehr von der Voraussetzung aus, dass man Gemeinsames voraussetzen kann. Sie übersetzt die radikale Optionalität des Glaubens konzeptionell. Ein Satz, der dies wie kein anderer in Worte fasst, stammt von dem belgisch-niederländischen Theologen Edward Schillebeeckx. Er schrieb im Blick auf die ihn umgebende säkulare Gesellschaft der Niederlande bereits Ende der 1980er: „Gott fällt nicht unter die Kategorie des Bedürfnisses, sondern des Verlangens und der Liebe: des Nicht-Geschuldeten.“[11] Dieser Satz kann als Überschrift für eine säkular gewendete Theologie bzw. Kirche stehen. Er nimmt die Freiheit radikal ernst, lässt jede Bevormundung weg und denkt Gott als nicht notwendiges Geschenk. Diese Prämisse kann zugleich den missionarischen Eifer erwachen lassen. Denn: Wo Gott nicht notwendig, aber möglich ist, öffnen sich eine neue Weite und ein neues Feld an Optionen, die gar nicht anders können, als Diversität im Sinne einer positiven Konsequenz geschöpflicher Freiheit ernst zu nehmen. Um im Bild zu bleiben: Vielleicht lebt es sich für manche:n dann doch besser mit dem Geschenk als ohne.

Ent-Netzungen ernst nehmen

Zu den großen pastoralen Zaubervokabeln der letzten Jahre bzw. Jahrzehnte zählt zweifelsohne das „Netzwerk“. Pastoral sollte sich insbesondere als vernetzt gestalten und wahrnehmen. Sowohl pastorale Räume wurden und werden als Netzwerke gedacht, ebenso wie das gesamte kirchliche Leben nur noch in der Netzwerklogik verschiedener Orte und Gelegenheiten Sinn zu ergeben scheint. Das alles ist fraglos gut und richtig. Der Netzwerkgedanke und alle soziologische bzw. sozialphilosophische Hilfestellung ist und bleibt unerlässlich, will man nicht in einer pastoralen Vereinzelung verkommen. Zugleich markieren die deutlich sichtbaren Vorteile einer solchen Logik auch ihre Grenze: dass nämlich außerhalb des Netzes nichts mehr wahrnehmbar ist. Oder aber man ist blind für alle und alles, was sich der Entnetzung aus welchen Gründen auch immer verschließt bzw. nicht anschlussfähig ist. Die für die Netzwerkidee gebrauchten soziologischen Großtheorien setzen als Paradigma die Relationalität alles Sozialen. Dies bedeutet im Umkehrschluss, dass alles nicht Vernetzbare meistens unterhalb des Radars der Vernetzungslogik bleibt. Anders gesagt: Das Vernetzungsdenken und seine Ausgerichtetheit auf soziale Anschlussstellen kann Gefahr laufen, das immer Gleiche bzw. nur Passende zu vervielfältigen und sich dem Heterogenen und Unverrechenbaren natürlicherweise, also ohne bösen Willen, zu versperren. Es kann zur Bildung der pastoralen Blase beitragen, obwohl es möglichst Viele und Vieles integrieren möchte. Zugleich gibt es die Gefahr, das nicht Anschluss- bzw. Integrationsfähige per se als falsch oder zumindest nicht ganz richtig oder als schlechter zu qualifizieren. Eine Versuchung, der wir oben bereits im Zusammenhang mit dem christlichen Universalismus begegnet waren.

Der Schweizer Soziologe Urs Stäheli weist in seinen Arbeiten auf genau diese Ambivalenzen des Vernetzungsdenkens hin.[12] Sie zeigen sich pastoral unter anderem in der Fiktion einer „ganzen Gemeinde“. Immer noch hört man in gemeindlichen Zusammenhängen diese Floskel. Gemeint sein können gar nicht alle tatsächlichen Mitglieder der Gemeinde, denn für sie hätte man etwa bei Veranstaltungen gar keinen Platz. Eine vergleichbare Verwechslung tut sich auf, wenn etwa im Zusammenhang der Beteiligung an synodalen Prozessen davon die Rede ist, dass sich „alle Glieder des Gottesvolkes“ daran beteiligen (sollten). Hier weiß man von vorneherein, dass sich dies nur auf die wirklich verbundenen bzw. vernetzten, also zumeist auf die institutionell-kirchlich Bekannten bezieht. Diese liegen allerdings im Vergleich zu allen Getauften zumeist im unteren einstelligen Prozentbereich.

Stäheli bricht in seinen Arbeiten nun eine Lanze für das Unvernetzte, für das Nicht-Integrierbare. Man müsse es der Redlichkeit halber in seiner wirklichen Heterogenität ernst nehmen. Das Heterogene verfügt über eine eigene Existenzweise. Es ist weder drinnen noch ganz draußen, es markiert ein Dazwischen. Es entzieht sich sowohl einer Aus- als auch einer Einschlusslogik. Es wird durch keines von beidem wirklich erfasst. Das bedeutet auf unseren Zusammenhang hin angewendet: Mit Menschen, die vorwiegend in einer säkularen Kulturlogik zuhause sind, verbindet uns sowohl nichts als auch sehr viel. Es ist eine Art ‚unverbundene Verbundenheit‘, deren beide ambivalente Pole zu ihrem Recht kommen müssen: Also weder unfreiwilliger Einschluss noch komplette Abweisung. Das Heterogene bestimmt seine konkrete Art des Dazwischen selbst, hieran muss auch innerkirchlich Maß genommen werden. Aber es darf weder ungefragt einfach eingeschlossen noch radikal ausgeklammert werden. Es ist gerade in seinem Dazwischen ein wichtiger theologischer Lernort, oder: Es ist, wie es ist, und bleibt aller Voraussicht nach auch so: unvernetzt. Theologisch können wir nur im Sinne der obigen Ausführungen den christlichen Universalismus anders denken und es Gott überlassen, welchen Weg er mit denjenigen gehen möchte, die sich nicht für das Evangelium interessieren bzw. es existentiell nicht benötigen.

Neu(e) Fragen lernen

Wenn es oben hieß, dass die religiöse Frage nicht mehr für alle Menschen gleichermaßen existent ist, könnte man Pastoral und Pastoraltheologie auch so begreifen, dass man gewissermaßen den Spieß umdreht und zunächst nach den Fragen fragt bzw. forscht, die Menschen heute tatsächlich haben oder die sie wirklich umtreiben. Es sind jene Fragen, die womöglich an die Stelle der religiösen getreten sind. Es wäre eine interessante Aufgabe, von solchen Fragen der Menschen heute zu lernen. Wo ist ihre tiefste Sehnsucht? Wie sieht glückendes Leben heute aus? Wo und wie erfahren Menschen Sinn, wenn nicht als Gesamtkonzept, so doch im Sinne des erwähnten ‚Meaning in life'? Eine wesentliche Herausforderung könnte es bedeuten, hier nicht vorschnell nach Korrelationsoptionen zu schauen, so wie es etwa ein Marketing tun müsste (oder es homiletisch leider immer noch sehr häufig geschieht). Vielmehr wäre die Aufgabe eine geistliche: Was sagt Gott uns durch die heutigen Fragen unserer Mitmenschen und wie können wir mithelfen, sie zu beantworten, ohne dass das gleich einen Effekt etwa auf kirchliche Mitgliederzahlen, Glaubensitems etc. haben müsste? Ziel müsste es sein, Menschen wirklich ernst zu nehmen, ihre Fragen nicht zu verzwecken und vor allem nicht vorschnell im christlichen Sinne zu beantworten.[13] Auf diese Weise ließe sich auch eine ‚unverbundene Verbundenheit' leben und erleben. Sie meint, vorhandene Heterogenitäten zu akzeptieren, ohne sie vorschnell einzugemeinden. Mögliche Themenfelder, die sich dann entdecken ließen, könnten sein: die Umweltkatastrophe, friedensethische Zusammenhänge, Fragen nach Lebensgestaltung, Glück oder auch nach Schuld und deren Bearbeitung, was gerade in und nach der Corona-Zeit eine neue

Aktualität erhalten hat. Ebenso scheinen neue Einsamkeiten ein wichtiges Thema zu werden, vor das unsere modernen Gesellschaften nach allem, was wir empirisch wissen, gestellt sind. Wichtig ist allerdings, nicht von vornherein alles zu wissen, sondern wirklich neugierig auf das zu sein, was heutzutage wirklich bewegt. Die Grundfrage könnte sein: Wie können wir darin das Evangelium und damit den kirchlichen Auftrag im Heute entdecken?

Zwei Optionen: Realismus und Ana-Theismus

Für diese fundamentale Aufgabe könnte zweierlei wichtig sein. Einmal die „Option Realismus“: Tatsächlich zu akzeptieren, dass, wie in den ersten Teilen gezeigt, die eigene Religion für viele – ja zunehmend für die meisten – etwas ist, das sie innerlich nicht mehr berührt bzw. demgegenüber sie sich sogar apathisch verhalten. Allenfalls noch das Ästhetische, Rituelle, Caritative bzw. der Bildungssektor wirkt nach außen. In diesen Bereichen bereit zu stehen, ist tatsächlich der bleibende Auftrag der Christ:innen. Allerdings stellt sich mittel- bis langfristig gerade angesichts knapperer kirchlicher Ressourcen die Frage: Wie lange funktioniert ein Evangelium ohne Gott? Oder: Was wird aus einem Fluss, der keine Verbindung mehr zur eigenen Quelle hat? Speist er sich dann aus anderen?

Andererseits – und das wäre die „Option Anatheismus“ – gälte es, neu nach Gott zu suchen, der sich trotz allem, unerwartet und auf neue Weise inmitten der scheinbaren Undurchdringlichkeiten des Säkularen zeigt. Dort wird er auch heute sichtbar, sicherlich diverser, nicht mehr in erster Linie dogmatisch fassbar, dafür aber wirksam. Dies wird gerade in Ländern, in denen die Säkularisierung als Haupttrend nicht mehr durch eine saturierte Kirchlichkeit zu leugnen ist, sichtbar. Der irische Philosoph Richard Kearney hat dafür den Begriff Ana-theismus entwickelt.[14] Er meint, Gott jenseits von Gott neu zu entdecken und zu denken. Das bedeutet, einerseits nicht alles Säkulare oder jedes Transformationsphänomen gleich für Gott, seine Offenbarung oder ein religiöses Bedürfnis zu halten. Zugleich heißt Anatheismus, nicht resigniert zu denken, Gott sei heute überhaupt nicht mehr zu finden oder unwirksam. Der Clou scheint zu sein: Er ist auf andere Weise und woanders präsent. Dazu braucht es allerdings die Kunst der Unterscheidung. Nicht zufällig wählt Papst Franziskus diese Methode als Grunddynamik seines synodalen Prozesses. Denn nur so lässt sich Gott heute finden, wenn wir tatsächlich ernst nehmen, dass es Bereiche und Menschen gibt, die ihn überhaupt nicht brauchen, andere, sicherlich wenigere, aber nicht ohne ihn können oder sich ihm neu nähern.

Wichtig ist dafür zweierlei: Das „Licht der Offenbarung" und das „Licht der menschlichen Erfahrung" – beides Begriffe, die die Pastoralkonstitution „Gaudium et spes" des letzten Konzils nennt. Einerseits kann es nämlich nicht sein, völlig passiv zu denken, Gott sei überall schon da und wir müssten nichts mehr tun, als nur abzuwarten. Das wird dem Offenbarungs- und Erlösungsangebot des Christentums nicht gerecht. Gott kommt immer auch von außen und ist zugleich in der Welt anwesend. Diese Spannung gilt es auszuhalten und darin nach ihm Ausschau zu halten. Dabei kommt man nicht selten einem Phänomen entgegen, von dem ein volkskirchliches Christentum nur noch wenig zu wissen schien: der Bekehrung, von der oben bereits kurz die Rede war. Das Evangelium erscheint dann als Alternative zu dem, was normal ist und was alle machen, wie alle leben.

Meistens aufgrund einer einschneidenden Erfahrung, die vorher nicht dagewesene Fragen wachgerufen hat. Die Gottesfrage als eine nicht mehr universal und allgemein vorhandene, sondern eine, die sich jedoch okkasionell, aufgrund verschiedener Erfahrungen, persönlicher Erlebnisse, Einsichten oder Begegnungen stellt.

Gott erahnen und erfahren, der sich inmitten des Säkularen ereignet

Dies führt auf die Erfahrungsebene. Von Erfahrungen kann man am besten erzählen. Kondensierte Erfahrungen finden sich in empirischen Daten, die zu diesem Thema leider (noch) nicht vorliegen. Dies zeigt einerseits ein Desiderat, andererseits ist es ein Ausweis dafür, dass es sich hier tatsächlich um ein noch weitgehend unbegangenes Land handelt. Denn lange hat man – frei nach Elisabeth Kübler-Ross – die Säkularisierung als Tatsache verdrängt oder verdächtigt. Man dachte auf der Linie des Optimierungsparadigmas, irgendwann den Schlüssel zu finden, die Stellschraube, das Pastoralkonzept, welche das Ganze wieder rückgängig machen würden. Leider – oder vielleicht Gott sei Dank – ist das nicht geschehen. Denn Säkularisierung bedeutet für Christ:innen und die Kirchen nicht nur Verlust, sondern eine neue Freiheit und Souveränität: Man wird unter anderem aus staatstragenden Bezügen entlassen, muss gesellschaftlich nicht mehr „Everybody's Darling“ sein und kann auf diese Weise womöglich die Kraft der eigenen Botschaft gerade auch in ihrer Widerständigkeit profilieren. Das meint mitnichten einen Rückzug in die Puppenstube des 19. Jahrhunderts, wo man sich bewusst gegen ‚die Welt‘ profilierte. Es meint vielmehr, die Unterscheidungskraft des Evangeliums gerade um des Menschen willen und gegen alle – etwa die erwähnten neoliberalen – Verzweckungen neu zu entdecken: dass der Mensch nicht verzweckbar ist, weder für wirtschaftliche noch für kirchliche Belange, sondern in seiner geschöpflichen und zugleich erlösten Freiheit und Einzigartigkeit immer zu achten ist. Vielleicht ist es ja gerade jene erlöste Freiheit, die den Unterschied machen kann und welche man heute neu entdecken und anbieten darf. Dazu einige – aus der Erfahrung erzählte – Beispiele.

Zum Hintergrund: An unserer Fakultät der „Tilburg School of Catholic Theology" mit den Standorten Utrecht bzw. Tilburg, die die einzige kirchlich anerkannte Katholisch-Theologische Fakultät in den Niederlanden ist, belegen jedes Jahr ca. 25 Studierende den Bachelorstudiengang. Die Vorlesungen werden zweisprachig, niederländisch und englisch, angeboten. Die Kurse unterscheiden sich dabei: Während der englischsprachige Bachelor aus einer bunten Mischung internationaler, auch außereuropäischer Studierender besteht, finden sich in der niederländischsprachigen Gruppe insbesondere einheimische Studierende, die mitunter (auch das ist eine Option) in Teilzeit studieren können. Das Interessante in jeder der beiden Gruppen: Jede:r Studierende hat ihre:seine *story*. Fast niemand studiert Theologie aus Mangel an Ideen oder Alternativen bzw. weil man damit die klassische ‚Sakristeikarriere' fortsetzt (Messdiener:in; Küster:in; Ferienlager; Ehrenamtliche in vielfältigen Gruppen und Gremien in einer Pfarrei etc.). Das heißt, hinter der Entscheidung für das Studium, für das man zugleich gesalzene Studiengebühren bezahlt, steht immer eine bewusste Entscheidung, ja mehr noch: eine konkrete Erfahrung. Es ist faszinierend, diese zu hören. Denn sie erzählen genau von den oben hergeleiteten Zusammenhängen. Auf einmal war da eine Frage, die den Glauben als realistische

Antwortoption erscheinen ließ. Plötzlich reichte vieles nicht mehr, die Taufe kam als Möglichkeit in den Blick und das Christ:insein wurde zu einer Perspektive, dem Leben eine neue Richtung zu geben.

Der Bachelorkurs in Praktischer Theologie läuft dann darauf hinaus, dass die Studierenden am Ende eine ‚Fresh-Expression of the Gospel' aus der Praxis suchen, beschreiben, rekonstruieren und vor der Gruppe zur Diskussion stellen müssen. Dabei ist der Fokus ein denkbar breiter: Überall, wo die Studierenden eine im Sinne des Anatheismus neue Erscheinungsform des Evangeliums vermuten, kann dies unabhängig von anderen Unterscheidungen (also überkonfessionell und parochial) interessant sein. Leitend sind die oben benannten Kriterien von „Licht der Offenbarung" und „Licht der Erfahrung", die sich gegenseitig ausleuchten. Das Verblüffende: In einem Land wie den Niederlanden, das nachgewiesenermaßen zu den säkularisiertesten Europas gehört, lässt sich viel finden. Der Strauß der Erfahrungen ist stets sehr breit und immer überraschend. Die Studierenden treffen das Evangelium gerade in seiner Vielgestaltigkeit an, ja entdecken es in und aus der Praxis neu. Dazu drei Beispiele:

- Ein Student erzählt seine eigene Bekehrungsgeschichte. Der Ende 30-Jährige war alkoholabhängig und ist durch Zufall auf eine neue christliche Initiative getroffen, die Menschen in ihrer Sucht hilft. Nicht nur medizinisch, sondern auch durch Begleitung, Disziplin und das Lesen des Evangeliums. Stets stand die Frage im Hintergrund: Was ist der Auftrag Gottes heute an mich? Wie sieht er mich, wie will er mich? Dabei wurde, nach Aussage des Studenten, für ihn die Einsicht immer bestimmender, dass die Sucht eine fundamentale Entfremdung darstellt: von sich selbst, von anderen und schließlich von Gottes

Willen. Er merkte, dass nur der Weg aus der Sucht der Weg zurück zu sich selbst und seiner inneren Bestimmung ist. Was er vorher nach eigenem Bekunden nicht gesehen hatte, war das Erlebnis, dass dies auch der Weg zu Gott ist.

- Eine weitere Initiative ist ein Zusammenschluss evangelischer Christ:innen, um Menschen in Schulden zu helfen. Dazu ist es hilfreich zu wissen, dass in den Niederlanden bis zu 80 % der Einwohner über eine Eigentumswohnung verfügen. Falls sich allerdings dann der Wohnungsmarkt verschiebt, die Inflation in die Höhe schießt oder aber die eigene berufliche Zukunft brüchig wird, sitzen nicht wenige zuvor gut abgesicherte Menschen vor einem großen Schuldenberg. Die christliche Initiative von zumeist finanzkundigen Ehrenamtlichen bietet aufgrund dieser Erfahrung seit einigen Jahren in der Stadt Amersfoort eine unentgeltliche Schulden- bzw. Finanzberatung an. Die Initiative „Schuldhulpmaatje“ (Schuldenhilfefreunde) ist mittlerweile in mehreren Regionen des Landes präsent. Wichtig ist ihnen, auch die Schambehaftetheit dieses Themas zu beachten, also diesem Thema mit Diskretion und hoher Sensibilität zu begegnen. Es geht hier in keiner Weise um Missionierung, sondern um das Tun des Angesagten aus einer christlichen Motivation.
- Eine dritte Initiative nennt sich „Youchooze“. Sie entstand aus Teenagern, die zunächst in digitalen Räumen in der Bibel lasen. Konfessionszugehörigkeit ist zweitrangig. Sie möchten gemeinsam aufgrund dessen, was sie von der frohen Botschaft verstehen, nach dem Willen Gottes für ihr Leben fragen. Dazu unternehmen sie Bibelabende, religiöse Camps und sogar eine Romreise, um zu den Wurzeln des Glaubens vorstoßen zu können. Ihre Vision beschreiben sie wie folgt: „We hope that Youchooze will continue

> to be a place where teenagers can be themselves. [...] A place where teenagers can question anything they want to, where they can struggle and relax. A place where life-changing meetings can happen. These hopes are in no way our own work and it seems fitting that we conclude with the hope and prayer that God will work through the program, through the youth workers and through the teenagers. Only in Him, only in Christ and only in the Holy Spirit."[15] So bieten sie Glaubens- und Erlebniskurse an, etwa zu Themen wie „Schöpfung und Evolution", oder Friedensgebetsabende angesichts des Ukraine-Krieges oder der Auseinandersetzungen im Nahen Osten. Ebenso gehören Spendenaktionen für Geflüchtete oder in Not geratene Menschen zu ihren Aktivitäten.

Diese Beispiele können neben vielem anderen zeigen: Das Christentum verschwindet trotz und inmitten einer dominanten Säkularisierung nicht. Es kommt auf völlig andere Weise wieder bzw. ist in transformierter Form weiterhin präsent: divers, jenseits unserer kirchlichen Kategorien bzw. Leitunterscheidungen (katholisch/evangelisch, orthodox/häretisch, liberal/konservativ, etc.), allerdings quantitativ weitaus geringer als vorher. Wesentlich dazu ist tatsächlich eine erfahrene Relevanz bzw. subjektiv erlebte Wirksamkeit des Glaubens. Dass jemand persönlich das Bereichernde des Glaubens erfahren hat und nicht mehr ohne leben möchte.

Heilender Glaube?

Eine weitere Dimension kommt hinzu. Wie oben die Erzählung von der Alkoholsucht zeigt, machen nicht wenige neue Christ:innen die Erfahrung von Befreiung und Heilung durch den Glauben. In der Urkirche wurde die Taufe unter anderem durch eine Art Herrschaftswechsel beschrieben: Ungeister lassen von einem Menschen ab, anstelle dessen wird der gute Geist Gottes zum Lebensprinzip eines Menschen. Auch wenn uns heute solche voraufklärerischen Bilder fremd sind, verbirgt sich in ihnen doch ein positiver, moderner Gedanke, der sich interessanterweise heutzutage in Bekehrungserzählungen wieder entdecken lässt. Nicht mehr Fremdes soll bestimmend sein, sondern die Berufung durch Gott soll als etwas dem Menschlichen zutiefst Entsprechendes maßgeblich werden. Vielleicht gilt es, solche Wirklichkeiten neu zu entdecken. Das meint, tatsächlich Zusammenhänge von Heil und Heilung ernst zu nehmen, wie sie der Glaube in der Praxis konkret ermöglicht. Diese Praxis zeigt dann, dass eine Relevanz des Glaubens sich überall dort einstellt, wo Menschen durch diesen Glauben eine für sie heilsame Erfahrung gemacht haben. Wo sich etwas nicht allein aus eigener Kraft für sie verbessert oder zum Positiven hin verändert hat. Diese Zusammenhänge hat der Pastoralpsychologe Isidor Baumgartner bereits in den 1990er Jahren wie folgt beschrieben: „Geheilt im christlichen Sinn ist nicht zuvörderst der, der seine körperliche Gesundheit wiedererlangt – so sehr auch dies in der Option christlichen Heilens liegt, sondern der [sic!], welcher die ‚Kraft zum Menschsein' aufbringt […]. Heilung […] meint, Frieden zu schließen mit sich und der endlich fragmenthaften Verfaßtheit des Lebens in dem Vertrauen auf eine Vollendung des Unvollkommenen jenseits der Grenze des Todes."[16]

Dieser Friede – im biblischen Sinne Shalom – stellt letztlich das Ziel des Glaubens dar und ist damit auch Inhalt von Seelsorge. Dies meint nicht, die Verwundungen des Lebens zu leugnen, sie zu übertünchen oder wegzuretuschieren. Es bedeutet genau das Gegenteil: Gott ist in Jesus Christus der ‚verwundete Heiler' und Seelsorge steht in der Nachfolge gerade dieser Dimension. Mithelfen, die Wunden der Schöpfung zu heilen, Gottes Auftrag in diesen vielfältigen Verwundungen zu entdecken und sie als Orte der Gotteserkenntnis ernst zu nehmen. Dabei kann es nicht um ein ‚entweder/oder' etwa zwischen göttlicher und menschlicher Sorge gehen. Letztlich auch nicht um die Frage, wer was darf, also um die Unterscheidung zwischen den Aufgaben und Berufungen in der Kirche. Zentral ist vielmehr die Frage, wie Menschen am besten auf sie heilende Weise mit dem Geheimnis Gottes sowie mit dem Geheimnis ihres eigenen Lebens in Berührung kommen können. Von hier her müsste sich idealerweise alles Handeln in der Kirche bestimmen.

Die Versuchung ist gerade im deutschen Sprachraum groß, auf eine Idee oder erkannte Notwendigkeit unmittelbar mit einer institutionellen Antwort zu reagieren. Man gründet eine neue Institution und stellt Fachleute ein, die sich der Sache kompetent annehmen. Hier scheint der Weg jedoch umgekehrt zu verlaufen. Heilende Erfahrungen in der Seelsorge bzw. aus und mit dem Glauben lassen sich institutionell nicht ‚machen'. Sie ereignen sich. Das Wie und Wo solcher Ereignisse müsste sich schlichtweg aus der Praxis erlernen lassen. Letztlich ist es der sakramentale Grundauftrag der Kirche, der sich hier neu lernen lässt. Wichtig ist zu rekonstruieren, wie und warum er bei solchen Erfahrungen innerhalb säkularer Selbstverständlichkeiten funktioniert. Einerseits ohne Ansprüche auf Vollständigkeit, andererseits in einer gewissen Demut, dass man daraus kein neues Pastoralkonzept machen kann, das sich linear wiederum auf andere Orte oder Konstellationen übertragen ließe. Leitende Fragen könnten dabei sein: Wie wird das, was wir im Glauben ‚Heil' nennen konkret erfahren, wo und wie wird es wirksam? Wie sieht die subjektive Deutung derjenigen aus, die es erfahren? Was lässt sich davon theologisch und pastoral für das Gesamt der Kirche und ihre Gemeinschaft lernen, wie also stehen individuelle Erfahrung und gemeinschaftlich Geglaubtes zueinander?

Die Frage nach dem wirksameren Gott

In diesem Zusammenhang lässt sich ein weiterer Gedanke anschließen. Wir wissen aus der Missionsgeschichte etwa des Frühmittelalters, dass einer der seinerzeitigen Erfolgsfaktoren der Erweis des ‚stärkeren Gottes' war. Dieser Zusammenhang tritt bereits in der Elija-Geschichte des Alten Testaments im Buch der Könige auf (1 Kön 18,1–19). Elija tritt mit den heidnischen Baals-Priestern in einen lebendigen Wettstreit. Abwechselnd rufen die Priester mit Elija ihre verschiedenen Götter an. Sie möchten, dass aufgeschichtetes Opferholz ohne Feuer durch das Einwirken der jeweiligen Gottheit entzündet wird. Der Effekt: Baal hört nicht und Elija spottet. Im Gegensatz dazu fällt auf Elijas Rufen hin Feuer vom Himmel und der Gott Israels hat sich als der stärkere, weil wirksamere erwiesen. Schließlich tötet Elija die 450 heidnischen Priester. – Einen Zugang kann man zu dieser uns berechtigterweise völlig fremd erscheinenden Geschichte nur gewinnen, wenn man die seinerzeitige Konkurrenz der Gottheiten bedenkt. Elija steht als Prophet für den einzigen Gott Israels. Eli-jahu bedeutet: „Mein Gott ist JHWH". Außerdem galt das Tötungsverbot seinerzeit ausschließlich für Angehörige des eigenen, durch Gott erwählten Volkes. Die Pointe dieser Erzählung ist damit: Der Gott Israels ist glaubwürdig, weil er sich als der stärkere, sprich wirksamere erwiesen hat. Vielleicht könnte sich hier bei aller Sperrigkeit und Unübertragbarkeit auch ein Weg für die Zukunft des Christentums zeigen: Gott ist Gott, insofern er als wirksam erfahren wird, für Einzelne und vermittelt durch die Gemeinschaft. Er ist relevant, wo er im Leben konkreter Menschen als gegenwärtig und handelnd erlebt wird.

Hinzukommt, dass wir in Zeiten leben, die weniger durch eine Gotteskonkurrenz als vielmehr durch eine „religiös-säkulare Konkurrenz" geprägt sind.[17] Hier könnte ein Weg darin bestehen, Gott als jemanden zu glauben, der Dinge bewirken kann, die ohne ihn nicht vorstellbar sind. Das könnten Fragen nach Vergebung der Schuld, nach Berufung oder nach Heilung im oben beschriebenen Sinne sein. Es wäre das Angebot, im Glauben etwas zu finden, was sich nirgendwo anders erwerben oder erleben lässt. So etwas wie einen ‚Unique-Selling-Point'. Dieser müsste einerseits erlebbar, zugleich argumentativ-rational stark aufbereitet sein. Pastoral und Theologie könnten hier aktiv zusammengehen. Gleichzeitig muss sich ein solcher ‚Unique-Selling-Point' als pluralitätsfähig auf eine Weise in eine säkulare Gesellschaft einspielen lassen, die nicht intolerant, besserwisserisch oder exklusiv daherkommt. Es geht um einen konstruktiven Beitrag zum Ganzen, der sich im Angebot des Eigenen konkretisieren möchte. Der Gottesglaube und seine Potentiale wären dabei als eine Perspektive neben vielen anderen bezüglich seines Inhaltes und seiner Potentiale transparent zu machen.

Solche Gedanken sind sicherlich ungewohnt. Denn Religionsfreiheit wird in der Moderne vor allem als eine Freiheit von etwas („negative Freiheit") aufgefasst. Vielleicht ist es an der Zeit, auch die andere Seite der Religionsfreiheit stärker zu betonen: ihre positive Seite, also die „Freiheit zu oder für" etwas. Unter säkularen Bedingungen spielt die negative Religionsfreiheit nicht mehr jene dominante bzw. ausschließliche Rolle, die ihr in religiös dominierten Zeiten zukam. Sie ist und bleibt wichtig, gerade für Menschen, die ihre Säkularität in Abgrenzung zu jeder Religion sehen. Zugleich hinterlässt die negative Freiheit zuweilen eine Leere, die u. a. durch positive Ansätze gefüllt werden kann. Anders gesagt: Die negative Religionsfreiheit ist und bleibt die Bedingung der Möglichkeit der positiven. Zugleich geht sie nicht in ihr auf. Eine mögliche Füllung dieser positiven Freiheit bestünde unter mehr und mehr säkularen Vorzeichen im Angebot eines ‚wirksamen', ja womöglich ‚wirksameren Gottes'. Immer wissend, dass dieser nicht machbar, ja heute weniger denn je das Feuer wie bei Elija vom Himmel zu beten ist. Und dennoch bezeugen Menschen und Gemeinschaften auch unter durch und durch säkularen Bedingungen, dass Gott in ihrem Leben auf unplanbare Weise wirksam wird.

Kenotisch und postkonstantinisch: Zwei Zeitansagen für die Kirche

„Gott erahnen, der sich inmitten der Undurchdringlichkeiten des Säkularen ereignet" – hieß es oben. Man könnte nun mit Recht fragen: Was ist das für eine Theologie oder welches Kirchenbild verbindet sich mit dieser Vision? Es kann nur eine Ableitung eines „kenotischen Gottes" sein. Übersetzt heißt das nichts anderes als der „runtergekommene Gott" im buchstäblichen Sinne. Er findet sich bereits in einem der ersten, also ältesten Lobpreise des Christentums, dem sogenannten Philipperhymnus. Dieser ist eine Art eigenes Glaubensbekenntnis, an dem sich zugleich ein altes und neues Kirchenbild ablesen lässt:

> „Seid untereinander so gesinnt,
> wie es dem Leben in Christus Jesus entspricht.
> Er war Gott gleich,
> hielt aber nicht daran fest, wie Gott zu sein,
> sondern entäußerte sich
> und wurde wie ein Sklave und den Menschen gleich.
> Sein Leben war das eines Menschen;
> Er erniedrigte sich und war gehorsam bis zum Tod,
> bis zum Tod am Kreuz.
> Darum hat ihn Gott über alle erhöht und ihm den Namen verliehen, der größer ist als alle Namen,
> damit alle im Himmel, auf der Erde und unter der Erde
> ihr Knie beugen vor dem Namen Jesu
> und jeder Mund bekennt:
> Jesus Christus ist der Herr, zur Ehre Gottes des Vaters."
> (Phil 2, 5–11)

Ohne jetzt eine umfängliche Exegese zu wagen, kann dieser alte Text gerade für unsere Situation ein wertvolles inneres Bild zur Verfügung stellen. Gott zeigt sich, so die Grundannahme, weniger in seinen göttlichen Attributen der aufbrausenden Macht, des politischen Einflusses oder mithilfe weiterer herrlichkeitsbasierter Erscheinungsformen. Er trumpft in Jesus Christus dem Menschen gegenüber nicht mit den Seiten seiner Göttlichkeit auf. Der Glaube an Erlösung und Offenbarung ist – wie oben gesehen – eine Option und bleibt anspruchsvoll. Wie schon bei dem erwähnten Propheten Elija ist Gott im „Säuseln" (ein Wort, das eigentlich aus dem Hebräischen nicht wirklich zu übersetzen ist, da es sich um eine Art ‚Fast Nichts' handelt), nicht im Sturm, nicht im aufbrausenden Gewitter. Es bedarf einiger Mühe, ihn zu dechiffrieren, da sein Wirken vielfach verdeckter, subtiler oder verschämter daherkommt, als uns oft lieb ist. In jedem Fall ist es nicht Teil machtdominierter Praktiken und Diskurse – weder inner- noch außerkirchlich. Ebenso ist sein Wirken kontingent im wahrsten Sinne des Wortes: Es legt nicht fest, denn alles könnte auch ganz anders sein. Für Menschen, die allerdings Ausschau nach diesem verborgenen Gott halten, der in dieser Art von Selbstaufgabe zugleich der sich offenbarende ist, kann er zum wesentlichen Ankerpunkt des eigenen Lebens werden. Heil kann durch ihn erfahrbar werden, wenn ich dem zustimme und Gott in seiner Verborgenheit zu erkennen bereit bin.

Für die Kirche unserer Tage ist dieses Bild revolutionär. Es meint den Verzicht auf alles, was sie im gesellschaftlichen oder politischen Sinn mächtig sein lässt. Sicherlich, die Kirche hat diesen Einfluss, gerade in Deutschland, um zu dem gemeinsamen Gut und Wohl etwas beizutragen. Hier und da kann jedoch der Eindruck entstehen, dass man sich in der Rolle eines gesellschaftlichen Players auch ganz gut gefällt. Man meint, die Sache mit Moral, Ethik oder Erziehung könne doch niemand so gut wie wir. Und wenn wir es nicht mehr finanzieren können, muss der Staat eben – beispielsweise bei kirchlichen Schulen – einspringen. Die (katholische) Kirche als „Staat im Staat" in kooperativer Trennung ist vor der narzisstischen Versuchung nicht gefeit, dass sie meint, unersetzbar zu sein. Denn nur dann ist man wer.

Der World-Happiness-Report von 2023 belehrt uns hier allerdings eines Besseren. Er weist die Bewohner der säkularsten Länder der Welt – Finnland, Schweden, Norwegen, Island, die Niederlande – als die glücklichsten aus.[18] Ihnen fehlt für ihr Wohlergehen keine Religion und schon gar keine (staatstragende) Kirche. Daher könnte auch für Kirche eine tatsächliche kenotische Haltung angesagt sein bzw. als inneres Bild weiterhelfen. Das Verharren auf Privilegien im Gestus „Ihr werdet sehen, was ihr davon habt, wenn ihr die Kirchen nicht mehr in eure Staatsräson einbezieht" könnte sich sehr leicht als Bumerang erweisen. Ein kenotisches Kirchenbild ist das Gegenteil davon. Es verzichtet von selbst auf alles, was nach Macht, Einfluss oder politischem Kalkül aussieht, und erkennt darin eine neue Freiheit.

Es ist vielleicht das Erbe der Konstantinischen Wende und ihrer Folgen, also der über Jahrhunderte selbstverständlichen Deckungsgleichheit von Religion und Kultur, das uns hier immer wieder vor die Füße fällt. Von daher ist es verständlich, dass man sich mit einer Veränderung so schwertut. Denn Bilder, die 1700 Jahre eingeübt sind, gibt man nicht von heute auf morgen direkt auf. Allerdings muss man dazu sagen, dass die derzeitige deutsche Konstellation der Kooperation zwischen Kirche und Staat ein Produkt der direkten Nachkriegszeit ist und sicherlich viele Bilder in katholischen Köpfen auch von der evangelischen Schwesterkirche abgeschaut sind, welche ja in Deutschland schon viel länger eine staatstragende Rolle einnahm.

Tomáš Halík hat einmal die Geschichte der Konstantinischen Wende kenotisch umgedeutet. Das dazugehörige Zitat soll hier wegen seiner Dichte und Nähe zu den obigen Gedanken ganz angeführt werden. Halík schreibt: „Einmal habe ich eine berühmte Legende ironisch kommentiert, nämlich jene, die die Anfänge des ‚Reichschristentums' (Christianitas) treffend symbolisiert, die vom Traum des Kaisers Konstantin. Konstantin sah im Traum ein Kreuz und hörte die Worte ‚In diesem Zeichen wirst du siegen'. Am nächsten Morgen ließ er auf die Banner seines Heeres Kreuze anbringen und hat die Schlacht gewonnen. Dies brachte mich zum Nachdenken darüber, wie die Geschichte Europas sowie die der Kirche aussehen würden, wenn der Kaiser seinen Traum ein bisschen intelligenter und nicht so undurchdacht und oberflächlich gedeutet hätte. Auch wir stehen heute vor dem Kreuz als vor einem Dilemma. Wird das Kreuz für uns eine Kampfstandarte sein, eine nostalgische Erinnerung an jene Zeiten, in denen es das Zeichen des Triumphalismus und der Macht war? Werden wir die ‚neue Evangelisation' als eine Reconquista verstehen, als eine Re-Christianisierung, ‚religiöse Mobilisation', getragen von der Nostalgie nach einer untergegangenen Zivilisation, nach der Christianitas? Oder werden wir die kenotische Sendung des Kreuzes begreifen? Jesus, obwohl er Gott gleich war, entäußerte sich, ist den Menschen gleich geworden und nahm Knechtsgestalt an. Wenn wir Christus nachfolgen wollen, müssen wir auf die Sehnsucht nach einer privilegierten Stellung in dieser Welt verzichten; jeder von uns muss ‚den Menschen gleich werden', muss die Solidarität mit den Menschen unserer Zeit ernst nehmen, zu der sich die Kirche mit den schönen Einleitungsworten der Konzilskonstitution ‚Gaudium et spes' verpflichtet hat. Keine Angst haben, dass wir uns dadurch in der Masse verlieren und unserer christlichen Identität beraubt werden. Das, was uns von der Masse der Menschen um uns herum unterscheiden wird (uns jedoch zugleich auch mit jenen verbinden wird, mit denen wir von uns aus keine Verbundenheit suchen würden), werden nicht Kreuze auf Bannern sein, sondern jene Bereitschaft, ‚die Knechtsgestalt anzunehmen'. Diese Lebensausrichtung (kenosis, Selbstverzicht) bedeutet inmitten einer vorwiegend auf materiellen Erfolg ausgerichteten Zivilisation eine auffallend nonkonforme Stellungnahme; die so Lebenden können sowohl verborgenes ‚Salz der Erde' als auch unübersehbares ‚Licht der Welt' sein. Wenn die ‚neue Evangelisation Europas' wirklich neu sein soll, muss sie den Mut haben, diese uralte, ursprüngliche, evangeliumsgerechte Gestalt mit Demut anzunehmen."[19]

Dies ist der Paradigmenwechsel in wenigen Zeilen, der anstehen könnte und den Kirchen ins Stammbuch geschrieben ist. Es geht um ein verändertes Verständnis der Kirche als „Sakrament des Heils". Eines, das sich als lernend versteht, ohne sich selbst darin zu verlieren. Es geht damit um eine neue, veränderte Präsenz in der Welt. Das Christentum als lebendiger Teil der Gegenwart, in Solidarität, ja Demut und mit einer Botschaft, die wirklich Heil und Glück schenken kann und möchte. Überdies: Nach der Kernschmelze des sakramentalen Wesens durch dessen Perversion, wie sie im (u. a. sexualisierten) Missbrauch geistlicher Macht an wehrlosen jungen Menschen geschehen ist und leider immer wieder geschieht, wird dieser kenotische Weg vermutlich der einzige sein, wie das Christentum überhaupt noch in die Zukunft gehen kann.

Die größte Versuchung: der kirchlich-klerikale Selbsterhaltungswille

Wenn es eine wirkliche zerstörerische Gefahr für die Kirche hierzulande gibt, dann ist es neben dem sexualisierten bzw. geistlichen Machtmissbrauch der kirchliche Selbsterhaltungswille. Gerade im Missbrauch zeigt er sich durch dessen Vertuschung als besonders perfide. Daran wird deutlich: Kirche um ihrer selbst willen sein zu wollen oder zu meinen, es sein zu müssen, erweist sich als süßes Gift. Aber diese Gefahr sitzt tief im kirchlichen Genom. Vermutlich lässt sie sich u. a. aus dem oben skizzierten Universalismus herleiten. Sicher, Selbsterhaltung ist menschlich – aber nicht christlich. Denn sie ist und bleibt narzisstisch, es geht ihr letztlich vor allem um sich. Man kann sie die klerikalistische Versuchung nennen, wie es etwa Papst Franziskus tut. Das Problem erscheint aber tatsächlich komplexer. Nicht nur Kleriker (diese freilich als erste), auch kirchliche Funktionär:innen oder mit der Öffentlichkeitsarbeit Betraute können diesem Instinkt zum Opfer fallen. Hauptsache schadlos und ohne Gesichtsverlust aus einer Sache hervorgehen. Dieses Denken scheint leider den Missbrauchsskandal überdauert zu haben. Führte früher die Selbsterhaltung zu einem starken, männerbündischen Verschwiegenheitskomplott, innerhalb dessen man sich zu helfen wusste, scheint sich heute das Selbsterhaltungsparadigma in anderer Form zu äußern: In jedem Fall und immer das Richtige tun und damit sofort an die Öffentlichkeit gehen. Was damit gemeint ist, lässt sich an einer persönlichen Erinnerung verdeutlichen. Nachdem Anfang des Jahres 2010 das Ausmaß sexueller Gewalt wie ein Tsunami die Weltkirche überflutet hatte, waren im Bistum Münster im Frühjahr dieses Jahres alle seelsorglich Mitarbeitenden in die (Kongress-)Halle Münsterland eingeladen. Es gab Informationen durch die Bistumsleitung, ein gutes Mittagessen, vor allem aber – und dies schien das Wichtigste zu sein – eine Pressekonferenz. Die Botschaft: Wir haben die Lage unter Kontrolle, wir tun alles, um aufzuklären, Präventionsschulungen sind geplant. Man merkte offenbar gar nicht, dass sich das Paradigma des Handelns, das Missbrauchsvertuschung ermöglichte, nicht wirklich verändert hatte: Selbsterhalt und Schadensfreiheit nach außen. Dieser Eindruck setzte sich seinerzeit während der ersten Präventionsschulungen fort: *Hauptsache, wir können nachher der Öffentlichkeit sagen, dass wir alles richtig machen.*

Eine Kirche, die auf der Linie einer kenotischen Grundhaltung den Selbstverzicht übt, sieht anders aus. Vielleicht ist dies auch eine Lehre aus den vielfachen kirchlichen Krisenerfahrungen, dass wir auf allen Ebenen in eine neue Haltung hineinwachsen. Es wäre in diesem Sinne eine arme Kirche, die sich selbst all ihrer überflüssigen Gewalt beraubt – zumindest bevor das andere tun.

Wir werden eine Minderheit – die Suche von Kirchenbildern nach der ‚Entnetzung'

Oben war sichtbar geworden, dass es für diesen Weg in die Zukunft keine Rezepte geben kann. Die konstantinische Zeit ist ebenso vorbei, wie auch eine Realitätswahrnehmung der Vergangenheit angehört, dass der ‚Götterhimmel voll' sei. Gott und der Himmel spielen vielfach keine Rolle mehr, fallen einfach aus. Dies unterscheidet unsere Epoche wahrscheinlich von der Antike. Denn für den antiken Menschen war die Anwesenheit der Götter bzw. eines Gottes selbstverständlich. Kirchensoziologisch führen diese Einsichten dazu, dass das Christentum numerisch in eine Minderheitenposition kommt bzw. sich bereits darin befindet. Dieser Prozess geschieht aller Voraussicht nach schneller, als es derzeit noch prognostiziert wird. Dafür sprechen zwei Tatsachen: Einmal korrigieren empirisch arbeitende Wissenschaftler:innen auf diesem Feld ihre Prognosen mittlerweile immer häufiger nach unten. Zum anderen zeigen Umfragen, dass innerkirchlich unsere Gesellschaft immer noch für religiöser gehalten wird, als sie tatsächlich ist. Dass die Kirchenkrisen diesen Erosionsprozess nur noch beschleunigen, braucht an dieser Stelle nicht weiter ausgeführt zu werden.

In diesem Zusammenhang stellt sich nun die Frage nach der Art von Kirchengestalt, wie wir sie anzielen möchten.

Dazu bieten sich aus der Diskussion mindestens zwei, sich gegenüberstehende Szenarien an: ein exklusives und ein inklusives. Dies soll im Folgenden kurz hergeleitet werden.

Der ehemalige Erzbischof von Brüssel, Kardinal Jozef de Kesel, betont in seinem letzten Buch „Glaube und Religion in einer säkularen Gesellschaft“, dass sich die Kirche nur dann im Kontext einer säkularen Kultur niederlassen kann, wenn sie akzeptiert hat, dass sie in einer Minderheitenposition ist.[20] Ein kirchlicher Schmollwinkel, so de Kesel, helfe niemandem. Wenn die Kirche allerdings immer wieder auf das Selbst- bzw. Fremdbild einer ‚kulturellen Säule‘ zurückgreift, dann werden alle Versuche, eine einladende und lebendige Kirche zu werden, unfruchtbar bleiben. Vielmehr ist sie eine „kreative Minderheit“ und fühlt sich konstitutiv mit der Gesamtgesellschaft verbunden, weil sie gerade mit und in ihr die eigene Identität weiter entwickeln kann. Sie kennt ihren Platz in aller Demut und bringt die eigene Position in die Vielfalt gesellschaftlicher Diskussionen ein, ohne mit der Überperspektive einer ‚einzigen Wahrheit‘ aufzutreten. Zugleich bleibt sie in solidarischer Parteinahme für die Schwachen und in prekäre Situationen geratenen Menschen gegenüber jeder Weltanschauung offen. Das Ziel ihres Einsatzes teilt und verbindet sie mit allen: eine menschenwürdige Gesellschaft. Dieser Ansatz einer „kreativen Minderheit“ de Kesels liest sich vergleichbar mit den Visionen des Magdeburger Bischofs Gerhard Feige, aber auch mit evangelischen Perspektiven, die in einem Gesamtprozess protestantischer Kirchen auf europäischer Ebene entwickelt worden sind. All diese Perspektiven lassen sich mit einem Adjektiv zusammenfassen: *inklusiv.* Sie sehen die eigene, sich in eine Diasporagemeinschaft transformierende Glaubensgemeinschaft als stets konstruktiven Teil des Ganzen, der sich im reziproken Austausch vollzieht.

Dem gegenüber stehen Konzeptionen einer „kreativen Minderheit“, die sich *exklusiv* versteht. Sie rekurrieren auf das Konzept des britischen Historikers Arnold Toynbee (1899–1975) aus dessen Opus Magnum „A Study of History“ (1934–1961). Hierin analysiert Toynbee den Auf- und Abstieg verschiedener Kulturen durch die Geschichte hindurch. All diese Zivilisationen standen an bestimmten Punkten vor neuen, mit bisherigen Strategien unlösbaren Herausforderungen (Klimaveränderungen, Kriegen, ökonomischen Verwerfungen, Pandemien). Für die Lösung dieser neuen Probleme wurde schließlich häufig auf die Ressourcen jener kreativen Minderheiten zurückgegriffen. Allerdings ist dieses Konzept sehr deutlich von einem Kulturpessimismus, um nicht zu sagen vom Bild kultureller Dekadenz bestimmt. Es passt sicherlich zum Selbst- und Fremdbild kirchlicher Hierarchie, wie es sich im Zuge nachkonziliarer Enttäuschungen bzw. Nicht-Entsprechungen zwischen Kirche und Lebenswelten entwickelt hat. Für Benedikt XVI. ist daher die „Creative Minority“ die Zwischenform zu einer neuen Christianisierung (hier ist explizit nicht von Evangelisierung die Rede). Sie ist einerseits diakonisch, dialogisch und bildend angelegt, wird bezüglich des Glaubensgutes allerdings als weitgehend exklusiv verstanden. Der jeweilige zeitliche bzw. kulturelle Kontext spielt keine maßgebliche Rolle bezüglich theologischer Erkenntnisse. Die derzeitige Weltlage des Christentums wird vielmehr als Zwischenstation aufgefasst und insbesondere die katholische (!) Kirche als Speicher, der für die Errichtung einer irgendwann notwendigen neuen Weltgesellschaft die dann notwendigen Ressourcen bereithält. Dabei entsteht allerdings die Frage nach der Rolle des inklusiven ekklesiologischen Selbstkonzepts, wie es das Zweite Vatikanum grundgelegt hatte, besonders angesichts einer Ökumene auf innerchristlicher, interreligiöser und säkularer Ebene.

Welche Minderheit wollen wir werden? Kreative Minderheit versus legalistischer Rückzugskatholizismus

Für die Zukunft des Christentums in unseren Breiten stehen allerdings sicherlich mehr als diese zwei Szenarien zur Verfügung. Dennoch ranken sich viele Vorschläge, Perspektiven und ebenso Konfliktlinien zumeist um diese beiden. Allerdings nicht nur in der Kirche. Auch gesellschaftlich steht immer wieder diese offene Frage im Raum: Wie viel Anderes, Fremdes oder von außen Kommendes verträgt ein Zusammenleben, ohne dass die eigene Identität aufgehoben oder unkenntlich wird?

Zugleich bleiben die Versuchungen auf beiden Seiten. Die eine möchte im Sinne des Salzbildes (vgl. Mt 5,5) alles auf den Effekt des Salzens legen, die andere scheut jede Vermischung, die als Verwässerung gefürchtet wird. Hierher gehört das Schlagwort des Relativismus. An einigen Stellen wird in der Praxis bereits sichtbar, wie die kirchliche Hierarchie dann agiert: Man zieht sich auf Sicherheitspositionen zurück, vor allem auf das Recht, und es entsteht eine Art ‚legalistischer Rückzugskatholizismus'. Das Kirchenrecht wird zur Maßgabe des Kirchenbildes und nicht – wie es wünschenswert wäre – umgekehrt. Alles, was kanonisch im Rahmen ist, ‚darf' sein, anderes wird abgeschnitten, weil es verboten ist. Eine solche Haltung verhindert jedes Wachstum und jegliche Kreativität in der Praxis. Das Recht wird von einer Richtschnur in Krisensituationen zum vermeintlich einzigen oder letztgültigen Orientierungspunkt für den Normalfall. Letztlich zeigt sich hier eine defensive Reaktion auf Prozesse, die man meint nur passiv erleiden zu können. Es braucht aber für die Zukunft des Christentums Bilder, die gerade nicht aus dem Ressentiment, aus der Erfahrung des Verlusts oder einer als erzwungen erlebten Passivität heraus entwickelt werden. Es braucht Bilder und innere Leitlinien, die den Glauben als eine wirklich positive Möglichkeit unter vielen anderen profilieren. Sie werden nicht mehr mit Abwertungen arbeiten können, sondern können nur mit dem Wert des Eigenen und positiv Erlebten in das Ganze einer Gesellschaft eingebracht werden.

Postkonfessionell denken: Mehr ‚*Christianity*' als ‚*Churchianity*' wagen

Für diesen Weg des Christentums in die Zukunft ist eine Unterscheidung aus dem US-amerikanischen Raum interessant. Hier wird zwischen ‚Christianity' und ‚Churchianity' unterschieden. Ursprünglich wurzeln diese Begriffe in der anderen Akzentuierung der Heilsbedeutung der Kirche in der protestantischen Kirche. Klassisch geht der Weg zu Gott im Katholizismus stärker über die Kirche, wo die Kirchen aus der Reformation die Bedeutung des Individuums betonen. Im Zentrum steht bei Letzteren dann eher die Bedeutung des individuellen Christentums (‚Christianity') als ‚Churchianity' im Sinne der Heilsrelevanz einer Kirche.

Die Analysen der ersten Teile dieses Buches legen eine solche Unterscheidung ebenfalls nahe, wenn auch in einem anderen Sinn. Für die Adressierung und Lösung der Probleme bzw. für eine konstruktive Gestaltung der gegenwärtigen Transformationsprozesse könnte es sinnvoll sein, den engeren Fokus einer ‚Churchianity' durch jenen breiteren einer ‚Christianity' aufzubrechen. Dabei ist das eine integraler Bestandteil des anderen. ‚Christianity' schaut allerdings breiter und adressiert neben den spezifischen Kirchen- bzw. organisationalen Prozessen auch jene Fragen, die jenseits davon liegen. Es geht dann darum, das Christentum postkonfessionell zu denken, ohne den Blick für die konfessionellen Unterschiede aufzugeben. De facto nämlich sind jene konfessionellen Identitätsmarker nur noch für eine absolute Minderheit von Kirchenmitgliedern relevant. Über den kirchlichen Bannkreis hinaus verschwimmen sie mitunter vollends, wenn evangelische Christ:innen etwa aufgrund des katholischen Reformstaus aus der evangelischen Kirche austreten. Zugleich kann die Erfahrung vielfältiger Indifferenzphänomene auch zu einer neuen Ökumene ermutigen. Nicht unter Aufgabe der Unterschiede, sondern eher im Sinne einer ‚ausbalancierten' Pluralität, die jedoch im Glauben an einen Gott, der das Heil eines jeden Menschen will, zusammensteht. Unterschiede werden künftig wahrscheinlich aus Sicht einer mehrheitlich säkularen Gesellschaft nicht mehr in erster Linie über inner- und interkonfessionelle Identitätsmarker festgemacht werden (Kleriker/Laien, evangelisch/katholisch, reformiert/lutherisch), sondern durch die Tatsache markiert werden, ob jemand glaubt. In den Niederlanden ist das bereits sichtbar: Wo die Rede auf Religion kommt, folgt häufig die Frage: „Glaubst Du auch?" Konfessionelle Unterschiede sind nicht mehr sehr bekannt, der „säkulare Spürsinn" ortet hingegen interessanterweise den Unterschied, der bezüglich der Weltdeutung tatsächlich eine Differenz markiert: Betrachtet jemand die Welt auch aus dem Blickwinkel der Ewigkeit oder ist das Zeitliche immer auch das Letztgültige?

Was zudem die in diesem Band analysierten Prozesse angeht, so sitzen die Konfessionen – vermutlich gemeinsam mit allen anderen monotheistischen Religionen – in einem Boot. Keine von ihnen hat eine Lösung, alle müssen sich inmitten dieser vielfältigen Transformationen irgendwie verorten und darin gleichzeitig ihrem Auftrag weiterhin nachkommen.

Der oben bereits angesprochene kirchliche Selbsterhaltungswille oder gar konfessionell-identitäre Rückzug auf die Insel der vermeintlich noch ‚wirklichen Gläubigen' wird sich vermutlich als völlig unterkomplex und darin hilflos erweisen. Auch das lässt sich heute schon in den Niederlanden an den unterschiedlichen Konfessionen studieren.

Diakonie und Ritual

Wenn es gerade in Deutschland noch Bereiche gibt, in denen kirchliches Handeln über den inneren Bannkreis hinaus wahrgenommen und geschätzt wird, dann sind es Diakonie und Rituale. Gerade letztere wurden im Verlauf des Bandes häufig als Orte benannt, wo etwa innerhalb der Kasual- und Sakramentenpastoral wirkliche Begegnungen mit außerkirchlichen Milieus möglich sind. Sowohl Rituale als auch die Caritas (vgl. die säkulare Popularität des Begriffs ‚Charity') funktionieren einerseits ohne kirchliche Infrastruktur oder religiöse Aufladung, gleichzeitig leuchten sie Felder aus, auf denen dieser Bezug zu Gott und zur christlichen Religion – überspitzt gesagt – am wenigsten stört. Sie sind beide Orte praktizierter Optionalität. Die Rede von Gott etwa in einer Sakramenten- oder Kasualfeier oder das „Flammenkreuz" in Caritaseinrichtungen werden im Bewusstsein Vieler als legitim empfunden. Religion darf hier offenbar stärker als andernorts aus den geschützten internen Räumen der kirchlichen Kommunikation oder aber des kirchlichen Protektorats heraustreten. Beide Bereiche haben vor allem eines gemeinsam. Sie ermöglichen das Erzählen des Individuums von sich selbst in einem geschützten und zugleich halböffentlichen Raum. Es kann so etwas wie eine jeglicher

Verwundbarkeit entzogene Performance der eigenen Bedürftigkeit stattfinden. Diese Performance oder, neutraler formuliert, diese Weise der Selbsttranszendenz geschieht hier in einem Kontext, der meistens – auch rein räumlich – außerhalb des eigenen und alltäglichen Zirkels stattfindet. Man erkennt hier eine schwache Weise der Ab-extra-Dimension von Glück und Heil wieder, von der oben bereits die Rede war. Ein anderes Außerhalb kommt hinzu: Irgendwie ist es in Deutschland immer noch Teil des „kulturellen Gedächtnisses", dass das Christentum im weitesten Sinne für die positive, heilvolle und helle Seite des Lebens steht: dass hier Geschichten erzählt werden, die von Werten, vom Heilwerden, von Versöhnung und Hoffnung berichten. Wie bewusst oder unbewusst, wie implizit oder explizit das geschieht, thematisiert oder gewusst wird, sei dahingestellt.

In den Niederlanden beispielsweise bildet die Passion Christi solch eine erzählerische Ressource aus dem kulturellen Gedächtnis: Einerseits hat man das Christentum zu großen Teilen schon vergessen, zur Passionszeit erinnert man sich allerdings auf eigentümliche Weise an seine Urerzählung von Leid, Tod, Verrat und Neuanfang, indem große Teile der Bevölkerung die Matthäus-Passion besuchen oder aber das TV-Format *The Passion* zu den quotenreichsten TV-Formaten des ganzen Jahres zählt. Ein großes, beinahe national zelebriertes christliches Ritual, mithilfe dessen man das kulturelle Gedächtnis gleichsam reaktiviert und mithilfe cineastischer Elemente einer TV-Show performativ transformiert.

Allerdings zeigt die Praxis bzw. die empirische Forschung, dass weder die Diakonie noch die Rituale – ob als *The Passion*, als Taufe oder Erstkommunion – eine Garantie für die Relevanz des Glaubens an sich sind. Dieser oben bereits erwähnte paradoxe Zusammenhang zeigt sich konkret an *The Passion:* In den Niederlanden steigt nach *The Passion* keine der kirchlichen Kennziffern, ebenso wie Menschen in Deutschland trotz einer als sehr positiv erlebten Tauffeier, Trauerbegleitung oder Erstkommunionkatechese aus der Kirche austreten bzw. sagen, dass der Glaube ihnen eigentlich nicht viel bedeute. Auch die Wertschätzung für die kirchliche Caritas- und Bildungsarbeit heißt nicht, dass irgendeiner der im ersten Teil dieses Bandes beschriebenen Trends gestoppt würde. Es taucht hier wiederum jener große paradoxe, ja dialektische Zusammenhang auf: Obwohl man vieles an der kirchlichen Arbeit schätzt, bedeutet dies keinen merklichen Anstieg religiöser Relevanzen.

Dies führt viele seelsorglich Tätige in die Frage nach der Wirksamkeit des eigenen Handelns und in existentielle Erfahrungen oder Krisen pastoraler Vergeblichkeitserlebnisse. Pastorale Arbeit lässt sich offenbar nicht mit normalen (oder vielleicht sogar projizierten) Kausalitäten beschreiben oder planen. Was sicherlich für alle gesellschaftlichen Bereiche gilt, dass nämlich linear gedachte und geplante Umsetzungen so nicht (mehr?) funktionieren, ist in der Pastoral mit Händen zu greifen. Es stellt sich elementar die Frage, wie man überhaupt noch was oder wen verkündigen soll. Wenn doch scheinbar sowieso nichts ankommt und die Kirche – in den Augen mancher – zu einer Ritual- und Wohlfahrtsorganisation wird.

Ein weiterer Zusammenhang kommt hier auf, der gleichsam aus der Praxis das tiefe Wesen der Diakonie deutet. Aus Umfragen wissen wir, dass auch das caritative Engagement der Kirchen nicht nur Austritte nicht verhindert, sondern auch auf die Religiosität von Menschen keinen Einfluss hat.[21] Dieser praktische Nicht-Zusammenhang verweist gleichsam fremdprophetisch darauf, dass Diakonie niemals für irgendetwas verzweckt werden darf: Weder für Glaubensverkündigung noch für Kirchenmarketing und schon gar nicht für die Rettung des eigenen Images. Sie ist buchstäblicher Gottesdienst und findet unter anderem darin ihre zweckfreie theologische Bedeutung. Gerade die institutionelle Versuchung scheint groß, in Zeiten der Religions- und Kirchenerosion hier ein „Trotzdem" einzuspielen: *Uns verlassen zwar viele Menschen, wo wir doch so viel für die Gesellschaft leisten. Eigentlich müssten wir es nochmal alle wissen lassen, was wir alles tun. Wir sind doch nicht nur so schlecht oder schlimm, wie man uns sieht.* Wo dies geschieht, wird jede Caritas zum Pelagianismus umcodiert, also zur Werkgerechtigkeit durch die Hintertür, die allerdings nicht mehr Gott, sondern die Gesellschaft gnädig stimmen will.

Eine Versuchung: ‚Unkraut' und ‚Weizen' hermetisch zu trennen

Bevor die Frage nach Optionen einer Verkündigung innerhalb der bisher beschriebenen Koordinaten in den Fokus gerückt wird, muss auf eine Gefahr aufmerksam gemacht werden. Sie besteht seit Beginn der Christenheit und ist in fast allen sektiererischen Gruppen anschaulich zu beobachten. Es ist jene Trennung zwischen Schwarz und Weiß, zwischen der Gruppe derer, die den wahren Glauben bewahren, und denjenigen, die von diesem Glauben vermeintlich abgefallen sind. Die einen sind die Erwählten, die anderen nicht. Die einen verharren in der reinen Lehre, die anderen haben sie verwässert oder sogar verraten. Solche Dualismen sind letztlich nicht katholisch und vor allem offenbaren sie einen eigenartigen Atheismus. Als wenn wir ganz genau wüssten, wer Gott ist und wen er ruft. Als ob wir genaue Auskunft darüber hätten, was wirklich zu glauben wäre und was nicht. Die großen Dogmen, also Glaubensaussagen, sind De-finitionen. Sie ziehen eine Grenze, allerdings lassen sie den Inhalt frei. Was etwa Erlösung bedeutet, wie und wovon sie geschieht, ist in der Geschichte der Kirche niemals abschließend definiert worden. Jede Epoche konnte so die für sie relevanten und vor allem hilfreichen Bedeutungen und Erfahrungen mit dem Erlösungsglauben verbinden.

Ein an dieser Stelle passendes biblisches Beispiel ist das Gleichnis von Weizen und Unkraut (Mt 13,24–43). Es beschreibt, wie ein Sämann guten Samen auf den Acker sät. Sein Feind sät dann während der Nacht Unkraut. Auf die Frage der Knechte hin, ob man das Unkraut nicht ausreißen solle, antwortet der Gutsherr: „Nein, damit ihr nicht zusammen mit dem Unkraut den Weizen ausreißt." (Mt 13,29) Offenbar scheinen Unkraut und Weizen auf der Wurzelebene doch tiefer miteinander verwoben, als es an der Oberfläche sichtbar wird. Beide scheinen doch koexistieren zu können und darin sogar eine Funktion füreinander zu haben.

Dieses Gleichnis hat in der Theologiegeschichte eine breite Wirkung entfaltet. Sowohl der frühe Kirchenvater Laktanz als auch Thomas von Aquin deuten es als Beispiel für die frühe Toleranzfähigkeit des Christentums.[22] Es deutet sich hier bereits die Ambiguitätsfähigkeit des Christentums an.[23] Nicht alles muss abschließend entschieden sein, nicht jedes Urteil im Hier und Jetzt ist endgültig. Alles steht unter dem Vorbehalt einer größeren und anderen Letztgültigkeit.

Das kann auch eine pastorale Haltung formen. Denn diese ist und bleibt, bei allem Willen, sie etwa durch empirische Daten in Eindeutigkeiten wahrnehmbar werden zu lassen, anders und doch vielgestaltiger, als es scheinbar objektiv aussieht. Die empirischen Werte helfen sicherlich, sich nicht in Wunschvorstellungen oder Ideologien zu versteigen. Aber auch hier gilt das alte „*Deus semper maior*". Gott ist immer größer als unsere Wahrnehmungen, Urteile, Kategorien und vermeintlichen Sicherheiten.

Dies lässt sich am Beispiel der okkasionellen bzw. kasuellen Pastoral verdeutlichen. Sicherlich wissen wir aus den Daten, dass es sehr selten zu einer wirklichen ‚Bekehrung' bzw. zur Änderung von religiösen Einstellungen und Praktiken kommt. Dennoch geschieht auf diesem Gebiet niemals nichts. Es bleiben vielleicht Erinnerungen an eine gute Zeit „mit der Kirche" oder eine Erfahrung, die doch tiefer ging. Man weiß es trotz aller sicheren Daten nicht. Sie zeigen einen Trend, einen Mainstream, allerdings sicherlich niemals die Wirklichkeit an sich. Wir sind an dieser Stelle in der Pastoral(theologie) auf einen gnadentheologischen Zusammenhang verwiesen. Wir wissen nicht, wie Glauben und Christsein funktionieren, ja, was sie überhaupt sind. Alle Kriterien sind Näherungswerte, die niemals die ganze Realität umschreiben und erfassen werden. Sie helfen, realistisch zu sein bzw. es für die Zukunft zu werden. Dennoch gibt es Wirklichkeiten auch jenseits statistischer Sicherheiten und Objektivitäten.

Dies bewahrt vor den beiden Extremen, in die pastorale Arbeit schnell abgleiten kann. Der praktische Theologe Dieter Emeis hat sie bereits in den 1980ern als „Ausverkauf und Rigorismus" beschrieben.[24] Beides ist unkatholisch. Weder stimmt mit der Realität überein, dass alles gleichbedeutend sei, noch die Annahme, dass sich die Realität in Schwarz-Weiß-Kategorien abbilden ließe. Jede:r, die:der in der Pastoral arbeitet, wird vermutlich bestätigen können, wie oft dies der Fall ist: Menschen, denen man etwa mit Vorurteilen begegnet war, zeigen ein ungeahntes Interesse, andere bringen sich auf eine Weise ein, die man zuvor nicht erwartet hätte, oder es kommt unerwartet zu Begegnungen, über deren Tiefe man nur erstaunt und dafür dankbar sein kann.

Die narrative Grundstruktur wieder entdecken

Nach diesem kleinen Zwischenruf, der wiederum auf seine Weise allzu lineare oder determinierende Eindeutigkeitswünsche bzw. -annahmen relativieren wollte, steht nun doch die Frage im Raum, ob es eine Weise der Verkündigung geben kann, die angesichts aller obigen Analysen und habituellen Veränderungen zukunftsgerichtet ist. Das Folgende ist jedoch gerade vor dem Hintergrund der Ernsthaftigkeit und Tiefe derzeitiger Transformationen nicht mehr als ein Angebot, ein ‚Versuch zum Bessermachen'. Denn ganz kommen wir aus der Verbesserung bzw. Optimierung nicht raus. Alles dem freien Spiel der Kräfte zu überlassen, wäre ohnedies verantwortungslos. Dieser Versuch möchte eine Weise der Kommunikation und Problembearbeitung anbieten, wie sie von einer säkularen Kultur abgeschaut werden kann. Dazu soll die Kraft des Narrativen in den Fokus rücken.

Es ist offensichtlich, dass unsere Gesellschaft Probleme nicht allein kognitiv-rational bearbeitet bzw. löst. Vielmehr eröffnet sie immer sichtbarer Kommunikationsräume, die erzählerisch strukturiert sind. Offenbar scheint die Kraft des Erzählens bereits seit geraumer Zeit einen Boom zu erleben, der neben die Kraft reiner Argumentationen tritt.[25] Wer länger zurückdenken möchte, kann an das Aufkommen der Talkshows in den 1990ern denken. Offenbar benötigt eine postmodern gewordene Kultur mehr als rein rationale Muster, nach und mit denen sie ihre Probleme bewältigt. Mehr noch: Es ist nicht abwegig, dass wir Menschen als solche durch und durch narrativ angelegt sind, wie neuere kognitionswissenschaftliche Forschungen aus den USA nahelegen.[26]

Dies sei – sozusagen performativ – erzählerisch an einem Beispiel aus der Populärkultur belegt. Die Pro-Sieben Produktion „Cover Up – Wir retten Dein Tattoo“ macht exemplarisch deutlich, welche Bedeutung Narrationen innerhalb einer postmodern-säkularen Kultur bekommen können. Der Inhalt ist schnell erzählt. Menschen, die sich in frühen Jahren ein Tattoo haben stechen lassen, sind mit dem Motiv, der damit verbundenen Erinnerung oder anderen damit verknüpften Assoziationen nicht mehr zufrieden. Sei es, dass „die ewige Liebe“ doch nicht hielt, sei es, dass sich ästhetische Codes komplett verändert haben. Explizit ist in dem Format von „Jugendsünden“ die Rede. Leute mit einem solchen Problem werden in die Mainzer Rheingoldhalle eingeladen. Hier besteht die Möglichkeit, über einen Wettbewerb um die beste Tattoo-Geschichte eine kostenlose Übertätowierung oder bedeutungsverändernde Erweiterung zu gewinnen („Cover Up“). Dazu werden einzelne Kandidat:innen gebeten, ihre Geschichte mit dem Tattoo zu erzählen. Hierbei flossen nicht selten Tränen – auf allen Seiten. Schließlich entschied das Publikum, welche Geschichte es wert sei – das heißt so überzeugend und anrührend –, dass sie mit einer kostenlosen Übertätowierung zu belohnen, oder besser: zu ‚erlösen‘ sei. Die Geschichte wird also durch das Erzählen und Übertätowieren zur Erlösungsgeschichte. Die beste Erzählung führt zu einem guten Ende, das allerdings die Vergangenheit nicht gänzlich ungeschehen machen kann. Sie kann es allenfalls ‚heilsam‘ überschreiben.

Was an „Cover Up“ deutlich werden kann, ist ein Doppeltes: Einerseits erzählt unsere säkulare Kultur weiterhin Geschichten des Heils. Gerade Narrationen sind so erfolgreich, weil sie mit der Verheißung einer kognitiven Belohnung durch ein „gutes Ende" aufwarten.[27] Die Funktion der Heilsstiftung ist also unter anderem in den Bereich des Narrativen gewandert. Zum anderen kommen solche Heilserzählungen ohne Gott, Religion oder einen wie auch immer gearteten Transzendenzbezug aus.

Für eine Verkündigungspraxis und Pastoraltheologie, die sich den Wirklichkeiten und Phänomenen einer säkularen Kultur stellen möchte, können Narrationen jedoch ein interessantes Lernfeld sein. Die erste Grundfrage wäre hier: Wie erzählt eine säkulare Gesellschaft von Heil und Heilung? Was ist dabei wichtig? Inwieweit ähnelt oder unterscheidet sich dies von der Art und Weise, wie Heilung, Rettung und Glück im Christentum verstanden werden? Vor allem aber: Wäre nicht gerade theologisch die narrative Grundstruktur des Christentums wieder zu entdecken, wie sie etwa in biblischen Erzählungen grundgelegt ist? Jesus hat bekanntlich weniger theologisch argumentiert als viel öfter erzählt. Die nötige Reflexion des Glaubens kam später, als sich ab dem 4. Jahrhundert die politischen Umstände verschoben hatten. Gerade hier könnten praktische theologische Fächer von exegetischen bzw. literarischen Fächern sowie von einer mehr und mehr narrativ strukturierten Gegenwartskultur lernen. Was dies konkret meinen kann, soll im folgenden Abschnitt angedacht werden.

Narrationen als Angebote, erstpersönliche Erfahrungen im Glauben zu machen

Der deutsche Kognitionswissenschaftler Fritz Breithaupt definiert Narrationen als „Miterfahrungsangebote".[28] Die Kraft des Erzählens vermag es, Menschen mit in eine Erfahrung einzuweben. Zumeist handelt es sich dabei um Geschichten, deren Erfahrungen durch das Erzählen aktualisiert und in ihrer Erfahrungsdimension offen gestellt werden.

Narrationen sind allerdings ambivalent. Sie besitzen ein hohes manipulatives Potential. Daher braucht es eine große Sensibilität im Umgang mit ihnen. Sie ersetzen daher die Reflexion nicht, sind allerdings der erste Schritt, um überhaupt – etwa im Falle von *Nones* – eine Erfahrung zu ermöglichen, die in ein Fragen bzw. die Erfahrung oder zumindest das Nachvollziehen von Relevanz führt.

Oben war mit „Cover Up" ein Beispiel erzählt worden, wie und mit welcher Intention eine säkulare Kultur Narrationen einsetzt. Hiervon lässt sich lernen, ohne dass man diese Arten auf simple Weise dupliziert und kopiert. Lernen lässt sich insbesondere, dass alle Menschen ihre Geschichte(n) haben und welche hohe Bedeutung sie für die Deutung des eigenen Lebens bzw. seine einzelnen Episoden bekommen können. Solche Erzählungen sind allerdings unter säkularen Vorzeichen mehr denn je nicht mehr mit den „großen Geschichten" linear verwandt bzw. stammen eher indirekt von ihnen ab: die Moderne als Siegeszug von Freiheit und Vernunft, das Christentum als Erzählung von der Erlösung der Welt, der Kommunismus als Gesellschaft freier und gleicher Gütergemeinschaft. Und doch sind alle diese Themen irgendwie in diesen individuellen Geschichten anwesend. Allerdings auf eine Weise, für die das persönliche Leben, Erleben, die je eigene Prägung und besondere, im Laufe des Lebens gemachte Erfahrungen als Kriterien dienen. Nach dem Ende der großen Erzählungen ist nun jedes Individuum gefragt, ihre:seine *story* zu erzählen. Der schlimmste Zustand ist jener, in und an dem nichts mehr erzählt werden kann. Wer – etwa im großen Narrationsraum *social media* – nichts mehr zu erzählen hat, existiert schlichtweg nicht. Das Ziel der kleinen Narration ist – das kann man ebenfalls an *social media* sehen – die Zustimmungsfähigkeit. Das individuell und subjektiv Erzählte muss anderen gefallen, sie beeindrucken, bereichern etc. Die Geschichten bleiben also nicht singulär, sondern sind auf etwas Größeres, wenn auch sehr fluides Anderes ausgerichtet. An dieser Stelle tritt also interessanterweise ein gnadentheologischer Zusammenhang auf, der allerdings aus der Vertikalen komplett in die Horizontale gewandert ist und umstandslos ohne jeden Transzendenzbezug ‚funktioniert'. Zentral für eine säkulare Kultur sind also die *small, short* oder *individual stories*. Sie gilt es zu erzählen und schließlich irgendwie in das Gesamt der Geschichte einzubinden, die ich als Person bin bzw. gerne wäre.

Eben an dieser Stelle setzt ein Gedanke oder eine Option an, die sicherlich nochmals eingehender reflektiert werden muss. Man könnte gerade vor dem Hintergrund des pastoralen Wesens der Kirche, wie es das Zweite Vatikanum entwickelt hat, die Verschränkung bzw. Konfrontation von „Kirche und Welt" bzw. „Evangelium und Existenz" (Rainer Bucher) narrativ für die Praxis fortschreiben. Dies hieße, die *big story* des Evangeliums vom Heil und Heiligwerden der Welt mit den *small* oder *individual stories* heutiger Menschen zu verweben. Pastoral bzw. Evangelisierung wären dann in erster Linie narrativ aufzufassen. Menschen können und dürfen (!) alle ihre Geschichten, gerade auch die nicht auf den ersten Blick von außen zustimmungsfähigen, erzählen. Jene

Geschichten, ob erfolgreich, gescheitert oder wie auch immer konturiert, die in sich sicherlich bereits viele Samenkörner des Evangeliums enthalten, würden gerade mithilfe der *big story* einer über alles Menschliche hinausgehenden Verheißung von Heilung, Heil, Hoffnung oder Versöhnung bereichert werden. Gerade dort, wo Geschichten ins Stocken geraten, nicht so weitererzählt werden können wie geplant, könnte ein fundamentales Gehaltensein oder eine konkrete Erzählhilfe aus dem Evangelium einen Beitrag leisten, dass die eigene *small story* dennoch weitergehen kann und im Gesamt des Lebens ihren Platz hat. Die Kirche hätte als Erzählgemeinschaft den Auftrag, diese Erfahrungen mit dem Gesamt der christlichen Erzählung zu vermitteln.

Daher könnte das Erzählen auch in der Pastoral an sich einen neuen Stellenwert bekommen. In der Religionspädagogik sind Bibliodrama oder Methoden des *storytellings* bereits weiter verbreitet als an den gewöhnlichen pastoralen Orten und Gelegenheiten. Aber warum nicht etwa die Erstkommunionkatechese als *story* gestalten, in der die kleinen Geschichten der Eltern, Großeltern mit ihren Kindern erzählbar werden und so einen katechetischen Lernort für alle Beteiligten bilden?

Um es an diesem Beispiel konkret zu machen: Man könnte etwa die Erstkommunionkatechese als Familienkatechese im Sinne einer intergenerationellen Erzählgemeinschaft gestalten. Jedes Kind darf Oma oder Opa, Mutter oder Vater mit auf ein Familienwochenende nehmen und im Mittelpunkt steht das Erzählen der eigenen Erstkommunionerfahrungen der verschiedenen Generationen und in diversen Familienformen. Sicherlich muss man hier sensibel für biographische bzw. familiäre Bruchstellen sein. Dennoch lassen sich zum Beispiel mithilfe von Familienalben, Filmen etc. Geschichten heben: Was bedeutete Erstkommunion in bzw. für die verschiedenen Generationen, wie ging meine Geschichte mit Gott, der Kirche, in unserer Familie weiter? Welche biblischen Geschichten passen dazu, waren mir auf dem weiteren Lebensweg eine konkrete Lebenshilfe, sind mir wichtig geworden und wieso? Oder wie möchte ich die Geschichte meines Lebens mit Gott erzählen, wie soll sie weitergehen, wobei kann sie mir helfen? Welche Bedeutung hat die große Erzählung von Tod und Auferstehung, Verrat, Schuld, Versöhnung und Neuanfang darin oder könnte sie bekommen?

So oder ähnlich könnte man vielleicht viele pastorale Bereiche narrativ reformulieren. Sicherlich geht das alles nicht auf Knopfdruck und genauso muss man mit inflationärem Einsatz des Erzählens vorsichtig sein. Es kann jedoch, wie etwa *The Passion* in den Niederlanden zeigt, eine Weise sein, um eine beiderseits begehbare Brücke zu Menschen zu schlagen, die lange oder gar nicht mit dem Evangelium in Kontakt waren.

Spiritual Care

Ein Bereich, in dem bereits selbstverständlich einerseits die heilsame, andererseits die narrative Grundstruktur des Glaubens auf plurale Weise präsent wird, ist der des *Spiritual Care*. Für diese Art christlicher Präsenz, die sich auf besondere Weise an die Bruchstellen menschlicher Existenz begibt, kann auf spezifische Weise das gelten, was oben bereits unter dem Stichwort ‚Heilender Glaube' benannt wurde. Interessanterweise werden Bereiche des *Spiritual Care* durch das neue Seelsorgepapier der deutschen Bischöfe im Sinne des dort entgrenzt verstandenen Seelsorgebegriffs als tatsächlich seelsorgliches Handeln aufgefasst.[29] *Spiritual Care*, das sind die Weisen und Orte, wo Seelsorge sich tatsächlich auf säkulare Logiken, ihre tatsächlichen Bedürfnisse und Parameter einstellt.[30] Zugleich ereignet sich hier dezidiert christliches Handeln, indem jemand, die:der in der Rolle einer Care-Person bzw. eines *Chaplain* kommt, immer das Großnarrativ des Christentums mitbringt, ohne es in Wort fassen zu müssen. Hier fallen dann, wie während der Flut im Ahrtal, Sätze wie „Ich kann nicht beten, beten Sie für mich" oder „Sie sind Seelsorger, mit Ihnen kann ich reden."[31] Wesentlich ist zugleich, dass, wie es neuere Forschungen aus den Niederlanden nahelegen, *Spiritual Care* nicht mehr allein von religiösen Traditionen, sondern von existentiellen Situationen her verstanden werden muss.[32] Dies ist nicht nur deshalb notwendig, weil die Traditionen verblassen, sondern vor allem, weil Prozesse der Selbsttranszendierung und eine Performance des eigenen Ich gerade in Phasen existentieller Auseinandersetzung unterbrochen werden, ins Stocken geraten oder aber neu justiert bzw. erzählt werden müssen. Gerade hier kann die hilfreiche und heilsame Dimension des christlichen Narrativs vom Heil- und Heiligwerden der Welt auf plurale Weise anwesend sein. Außerdem kann von eben solchen Situationen neu gelernt werden, was es heute und damit unter den oben beschriebenen Bedingungen bedeutet, als Kirche „Sakrament des Heils" zu sein.

Dies müssten zugleich solche Orte sein, wo mittels der Erfahrung von Heil und Heilung Relevanz und Zukunft erfahrbar werden. Orte, Gelegenheiten oder Personen, an denen das Evangelium mehr implizit denn explizit, mehr verkörpert als in Worten, mehr symbolisiert als diskutiert anwesend ist. Die Forschungen dazu, inwieweit auch die heilende Dimension des Evangeliums in Begegnungen bzw. Begleitungen auf dem Gebiet des *Spiritual Care* wirksam werden könnte, stehen noch ganz am Anfang bzw. sind noch überhaupt nicht begonnen. Auffällig ist allerdings, dass die mediale Nennung von Notfallseelsorge in der Berichterstattung („Notfallseelsorger:innen waren vor Ort“) offenbar eine Seite andeutet, die von anderen professionell Helfenden in solchen Situationen nicht abgedeckt werden kann oder will. Es ist offenbar das Überschüssige, nicht allein in rationalen Kategorien zu Deutende, das hinter dem Begriff der Seelsorge auch in säkularen Kontexten vermutet wird. Ähnlich verhält es sich mit den sogenannten „Desaster Rituals“, also den Ritualen bzw. liturgischen Feiern, die nach Katastrophenerlebnissen gefeiert werden. Hier wird Seelsorge offenbar als ‚professionell‘ angesehen. Denn sie macht Leid und Heilung auf eine andere Weise erzählbar, als es eine allein säkulare Kulturlogik kann oder möchte. Es könnte eine Hoffnung bedeuten, die einen Himmel offenhält, der sich aus christlicher Perspektive über allen ausbreitet, auch wenn dies für Einzelne nicht mehr, überhaupt nicht oder nur kasuell von Bedeutung ist.

Der Dienst der Versöhnung

An dieser Stelle schließt sich an, was Tomáš Halík die „therapeutische Berufung der Kirche“ nennt. Vor dem Hintergrund der über Jahrzehnte währenden kommunistischen Herrschaft in den ehemaligen Staaten des Ostblocks könnte Halík zufolge die Kirche eben diese Dimension wieder stärker als ihre pastorale Hauptaufgabe verstehen: „Wo Traumata, nicht vergebene Schuld sowie gestörte Beziehungen zwischen Menschen und Gruppen von Menschen über längere Zeit bestehen bleiben, sollten die Christen ihre Erfahrungen mit der Praxis der Buße, der Versöhnung und der Vergebung einbringen."[33] Sicherlich – und das wäre zu ergänzen – müsste die Kirche und ihre Vertreterinnen und Vertreter dazu zunächst selber wieder einen Zugang zu diesem Thema finden. Denn Evangelisierung setzt Selbstevangelisierung auch in diesem Fall voraus. Die Aufarbeitung sexueller Gewalt ist in diesem Sinne eine Selbstevangelisierung und -bekehrung, um tatsächlich zunächst aus den eigenen Quellen zu schöpfen, bevor man sie anderen anbietet.

Christliche Friedensarbeit ebenso wie die Gemeinschaft von Sant' Egidio können hier Pate stehen. Christ:innen verfügen über Ressourcen, die andernorts auf diese Weise nicht zur Verfügung stehen. Denn Schuld hat immer eine imprägnierende Wirkung. Sie ist destruktiv und zerstörend: Wo sie nicht benannt bzw. aufgearbeitet werden kann, frisst sie sich wie ein Krebsgeschwür durch Beziehungen, Gruppen, Gemeinden und das nicht selten über Generationen hinweg. Sie ist weder mithilfe noch so ausgeklügelter Bearbeitungsprozesse noch allein durch therapeutische Expertise aus der Welt zu räumen. Menschen fühlen sich untervorteilt und das Geschehene kann in seiner Wirkung nicht aus der Vergangenheit zurückgeholt werden. Man kann lediglich ein anderes Verhältnis dazu entwickeln. Es braucht einige Kraft, aus den Logiken der gegenseitigen Aufrechnungen auszusteigen, ohne das Gefühl zu behalten, auf der Verliererseite zu verbleiben. Einen unverbrauchten neuen Anfang nach geschehener Schuld gibt es in dieser Welt nicht. An dieser Stelle kann die christliche Erlösungserzählung tatsächlich entlastende, wenn nicht gar therapeutische Wirkung haben. Ihr Angebot beinhaltet, dass nicht wir den neuen Anfang schaffen, sondern dass dieser in einer anderen Wirklichkeit aufgehoben ist bzw. durch sie geschenkt ist. Außerdem verbürgt sie eine Verzeihung, die Täter und Opfer inmitten der Komplexität ihrer Beziehung beide zu ihrem Recht kommen lässt. Wir wissen nicht wirklich, wie das gehen kann, aber es ist Teil der entlastenden, eschatologischen Hoffnung des Glaubens, dass es möglich sein wird. Dies genau meint der biblische Schalom: Nicht allein die Abwesenheit von Krieg oder ein noch bis auf die Zähne bewaffnet bleibender Waffenstillstand. Schalom ist der Schöpfungsfrieden, der nicht mehr aufrechnen und nachrechnen muss, der nicht auf ewig dem Ressentiment der Zukurzgekommenen verhaftet bleibt. Dieser Friede ist direkte Frucht des Erlösungshandelns Gottes, wenn Jesus ihn nicht von ungefähr als erstes seinen Freund:innen als Auferstandener zuspricht. Er ist sicherlich nicht Besitz der Christ:innen allein, aber vielleicht tatsächlich eine Ressource, über die weiter nachzudenken und von der zu erzählen sich lohnen würde. Lernen kann man hier im Sinne verschiedener *Best Practices* und den Erfahrungen der christlichen Friedens- und Versöhnungsinitiativen.

Im Namen der Menschlichkeit: Das Christentum als prophetisches Narrativ

In der Erzählforschung zeigt sich noch ein weiterer Aspekt, der in diese Zusammenhänge passt. Ein Christentum, das innerhalb einer säkularen Gesellschaft zusehends in eine Minderheitenposition kommt, wird auch politisch eine neue Rolle finden müssen. Eingeübt ist gerade in Deutschland die bereits benannte kooperative Zusammenarbeit zwischen den bisherigen beiden Großkirchen und dem Staat. Praktisch bedeutet dies, dass die Kirchen dem Staat einerseits bei der Gesetzgebung (sinnbildlich hier die Mitwirkung von Kardinal Frings an der Erstellung des Grundgesetzes Ende der 1940er Jahre) über die Schultern schauten. Zugleich leben

Staat und Kirche in einer Art Symbiose, also einer positiven Zweckgemeinschaft für das Gemeinwohl. Immer stärker deutet sich jedoch in Deutschland an, dass diese Verbindung brüchig werden könnte; erste Risse sind zumindest deutlich sichtbar.

Dies wird konkret bedeuten, dass auch die politische bzw. gesellschaftliche Rolle der Kirchen neu austariert werden muss. Oben waren bereits mögliche Szenarien eines Minderheiten- bzw. Diasporachristentums bedacht und mit dem Plädoyer versehen worden, dass dies auf der Linie des Zweiten Vatikanums inklusiv gedacht werden sollte. Inklusivität heißt jedoch nicht Deckungsgleichheit, also Identität. Sie meint keine allein affirmative und unkritische Haltung gegenüber einer Mehrheitsposition. Wahrscheinlich wird es daher zu den wichtigen Aushandlungs- und Lernschritten der Zukunft gehören, dass die Kirchen sich zunehmend folgende Frage stellen: Wo gilt es in den Widerspruch zu gehen, die Mehrheitsposition und den Konsens anzufragen oder zu verlassen, weil dies das Evangelium nahelegt? In den Fokus wird die politisch-prophetische Dimension des Glaubens kommen, die gerade deshalb anders ist, weil sie den Blick Gottes auf Mensch und Welt voraussetzt.

Ein *Counter Narrative* bedeutet dann: Gegen das Masternarrativ eine Gegenerzählung zu entwerfen, die die allgemeine Gültigkeit des dominanten Großnarrativs relativieren möchte. Um dies an einem Beispiel zu verdeutlichen: Es war bereits die Rede davon, dass der Neoliberalismus eines der großen und mächtigen Masternarrative unserer Zeit darstellt. Er scheint nach dem Zusammenbruch des Sozialismus in fast allen großen Industrienationen den Siegeszug angetreten zu haben. Dieser Neoliberalismus hat eine soziale und eine ökonomische Seite, die in sich verschränkt sind. Das heißt, eine neoliberal als Masternarrativ aufgestellte Ökonomie zieht früher oder später verschiedene gesellschaftliche Sektoren in ihren Bann: den Gesundheitssektor, die Bildung, Verwaltungsstrukturen, die Altersvorsorge etc. Obwohl sich etwa in den Niederlanden, einem sehr stark neoliberal durchdrungenen Land, immer deutlicherer Widerstand gegen diese Grundströmung des Zusammenlebens ankündigt, wird der Neoliberalismus zumindest auch in Ermangelung von Alternativen auf absehbare Zeit prägend bleiben. Was bedeutet das für das Christentum? Einerseits sollte es sich in diesem Fall sehr bewusst sein, dass die Wurzeln dieser Gesellschaftsform unter anderem in den eigenen Reihen zu finden sind (Stichwort: *Prosperity Gospel* auf calvinistischer Linie), andererseits ist deutlicher Widerspruch gegen das hier vorherrschende Menschenbild angesagt. Dies reicht dann bis hin zu Fragen nach Lebensschutz, Euthanasiegesetzgebung, Schöpfungsverantwortung etc. Christ:innen können durch ihr Leben, ihre Weise des Umgangs miteinander eine Gegenerzählung verkörpern, die gegenüber den herrschenden Trends einen Gegen-Ort markiert. Vielleicht wird es mit zunehmender Säkularisierung immer dringlicher, Christsein als Alternative zu dominanten Mainstreams zu verstehen und mithilfe des Evangeliums Erzählungen anzubieten, die, weil sie die Kurzatmigkeit mancher gesellschaftlicher Utopien durchsichtig werden lassen, womöglich eine eigene Attraktivität ausstrahlen können. Diese Zusammenhänge lassen sich übertragen auf viele weitere gesellschaftliche Fragestellungen. Beispiele wären hier die Problematik der gesellschaftlichen Vereinzelung oder Vereinsamung, oder Diskriminierungen verschiedenster Art. Was und wie erzählen Christinnen und Christen aus ihrer Kenntnis des Evangeliums heraus dagegen?

Solche Gedanken zeigen, dass wir am Ende der ‚konstantinischen Formation' des Christentums, also einer weitgehenden Deckungsgleichheit von Christentum und Kultur, zu einer neuen gesellschaftlichen Position und Rolle finden müssen. Sie wird keine sein können, die um des lieben Friedens oder des Erhalts eigener Privilegien willen möglichst wenig Kontur gewinnt oder niemals in den Widerspruch geht. Gerade in Zeiten eines globalen Verschiebens der weltweiten Machtverhältnisse und -ansprüche muss die Rolle des Christentums in nicht christlichen Mehrheitsgesellschaften bzw. auch angesichts aufkommender inner- wie außerkirchlicher Extremismen neu bestimmt werden.

E Zu guter Letzt

Wie Transformation und Optimierung einander zuordnen? Nichts Genaues weiß man nicht

Alle Versuche des letzten Teils, sich konstruktiv und positiv im Megatrend Säkularisierung zu verorten, sind nicht mehr als ein vorsichtiges Tasten. Zudem bleiben sie unabgeschlossen. Sie im Sinne eines fertigen Pastoralkonzepts misszuverstehen wäre daher ebenso unangemessen, wie sie für schlüsselfertige Antworten auf die Herausforderungen des Christentums in unserer Zeit zu halten. Die zunehmende Säkularität ist steinhart. Alle bisherigen Methoden, Korrelationen, aller gute Wille und jedes Engagement prallen vielfach ab.[1] Das frustriert, schürt Selbst- und Gotteszweifel, lässt nur allzu schnell Schuldzuweisungen nach innen und außen aufkommen. Die Tatsache eines „Es ist, wie es ist" ist für uns moderne Menschen schwer zu akzeptieren, weil wir gerne mit dem Optimismus der Machbarkeit ausgestattet sind. Alles ist möglich, man muss es nur wollen. Eben dieser Optimismus ist in der Postmoderne zerbrochen. Hier sichtbar an Trends, die wir wenig bis gar nicht beeinflussen können. Die Moderne war angetreten mit dem Versprechen, dass es immer noch eine Stellschraube geben wird: Strukturen, die zu verändern sind, und Umstände, die man verbessern kann. Das ist in vielen Teilbereichen richtig, stimmt aber für das Ganze nicht.[2] Am wenigsten vielleicht für das Ganze von Religion und Glaube.

Ein zweiter Ballast erschwert die ungeschönte Wahrnehmung der derzeitigen Situation zusätzlich. Gerade Katholik:innen sind durch das 20. Jahrhundert und seine vielen großartigen theologischen Ansätze geschult, den Menschen als transzendental geöffnetes Wesen zu verstehen: Die höchste und beste Möglichkeit des menschlichen Lebens ist Gott als Antwort auf seine Selbstmitteilung. Diese Aussage wird normativ für viele aktuelle kirchliche und pastorale Perspektiven auf die Gegenwart. Die Wirklichkeit lehrt uns allerdings, dass dies zumindest aus der Sicht des Großteils heutiger Zeitgenoss:innen – zumindest in Europa, zusehends aber auch darüber hinaus – nicht stimmt. Diese Tatsache als „Zeichen der Zeit" für die Kirchen bzw. das Christentum des 21. Jahrhunderts zu deuten, war Ziel dieses Bandes.

Ihnen, den Christ:innen dieser Zeit, bleibt, auch diese Zeit als „Zeit der Gnade" zu sehen. Einer Gnade, deren direkte Wirksamkeit bzw. Feststellbarkeit sich vor allem entzieht. Dies passt allerdings kurioserweise wiederum zu unserer Zeit. Denn auch in anderen gesellschaftlichen Bereichen wird immer deutlicher, dass es sogenannte ‚analoge' Anschlüsse, die von Übertragungen im 1:1 Modus ausgehen, kaum noch gibt. Die Welt wird komplexer, digitaler, heterogener, und nicht aufzuhebende Ambiguitäten treten deutlich zutage. All das wird nur noch im Modus nicht-linearer Übertragbarkeiten verstehbar. Dies meint für alle Bereiche, auf Sicht zu fahren, Risiken dynamisch, also weitgehend ergebnisoffen und nicht statisch einzugehen und schließlich überraschungsaffin zu bleiben. Es meint gerade pastoral, nicht ausschließlich in das Hamsterrad der Mach- und Planbarkeiten einzusteigen und in diesem Sinne nichts zu tun, ohne allerdings in Tatenlosigkeit und Resignation zu versinken. Das Evangelium bleibt ein Mehrwert, allerdings für wenige, die in Zukunft aller Voraussicht nach auch noch weniger werden.[3]

Ein weitgehender Verzicht auf alle Steuerungsfantasien meint daher einerseits keine Anarchie und zugleich das Eingeständnis, die präzise Bestimmbarkeit eines Zusammenwirkens von Optimierungs- und Transformationsparadigma offen lassen zu müssen. Einerseits dürfen wir sicher nicht damit aufhören, das Evangelium präsent zu halten, es zu verkünden, ihm Hände und Füße zu geben und zugleich immer damit zu rechnen, dass es sich seine Wege auch selber sucht. Die Herausforderung, in die das Christentum und mit ihm alle Kirchenverantwortlichen, ja jede:r Christ:in heute gestellt ist, wird vermutlich ‚billiger', sprich einfacher nicht zu haben sein. Viele wird eine solche Dynamik vielleicht überfordern, andere werden von vorneherein abwinken, wieder andere sehen genau darin ihren Weg der Nachfolge im Hier und Jetzt. Alles das ist verständlich, Hauptsache jede Perspektive bleibt mit den anderen im Gespräch und ist in diesem Sinne für den jeweils fremden Blick offen.

Nicht nur anders, sondern gar nicht mehr und dann erst ganz neu

Aus den Analysen einer dominanten und harten Säkularität müssten sowohl kirchenentwicklerische Strategien bzw. Initiativen als auch der pastoraltheologische Fachdiskurs Konsequenzen ziehen. Wenn dies an dieser Stelle auch nicht umfänglich hergeleitet werden kann, liegen doch mindestens zwei Navigationsanpassungen auf der Hand.

Zum einen war es in den vergangenen Jahrzehnten bei verschiedensten kirchlichen Institutionen bis hin zur Bischofskonferenz üblich, in andere Länder zu fahren (auf die Philippinen zu Kleinen Christlichen Gemeinschaften, nach Großbritannien zu *Fresh Expressions* oder nach Frankreich), um neue Leitungs- und Kirchenformen kennen zu lernen. Im

Sinne eines weltkirchlichen Lernens sollten Erfahrungen anderer Ortskirchen geteilt und bestenfalls für den eigenen Kontext in Deutschland fruchtbar gemacht werden. Nicht selten verband sich damit die Hoffnung – oder sollte man lieber sagen die Utopie? –, dass es ‚Lösungen' für die global wahrnehmbaren Transformationsphänomene geben würde, diese allerdings außerhalb des eigenen Sprach- bzw. Kulturraums zu finden seien. Gerade die obigen Verweise auf den niederländischen Kontext könnte man in diesem Sinne missverstehen. Hier allerdings lässt sich lernen, dass einfache konzeptionelle Reaktionen oder Patentlösungen nicht existieren, die man dann einfach importieren könnte. Ohne diese Erfahrungen absolut setzen zu wollen, dürfte oben deutlich geworden sein, dass es eine solche Schlüssel/Schloss-Logik überhaupt nicht (mehr?) gibt und sich überdies gute Gründe dafür anführen lassen, warum sie sich für die hier aufgerufenen Phänomene nicht einfach herleiten lässt. Versucht man dort, wo man dies tut, nicht im Sinne einer „Schnittblumenpastoral" (Christian Hennecke) Ansätze, die auf einem ganz anderen kulturhistorischen Humus gewachsen sind, andernorts einzupflanzen, um dann festzustellen, dass es – um im Bild zu bleiben – zum Wachstum mehr braucht? Ein niederländischer Bischof benutzte einmal folgendes Bild: Die Volkskirche ist wie ein großer, altehrwürdiger Baum, der am Boden liegt. Für Deutschland könnte man sagen, er liegt ebenfalls am Boden, wird allerdings noch weiter palliativ versorgt oder soll, etwa in ländlichen Gebieten, noch mit allen möglichen Stützen am endgültigen Fall gehindert werden. Dieses vielfältige Bemühen bzw. die Trauer um den Sturz lähmen allerdings die Wahrnehmung für kleinere Pflänzchen, die rundherum entstehen. Man könnte das Bild ergänzen: Nur dort, wo der Baum der Volkskirche wirklich liegt und dies als endgültig akzeptiert wird, kann er seine Ressourcen auch wieder in den Biorhythmus zurückgeben und so womöglich zum Nährboden für das Neue beitragen.

Und zugleich ist auch dieses Bild begrenzt. Denn für die Volkskirche gilt ebenso wie für anderen Kirchlichkeitsformen: Totgesagte leben länger. An manchen Orten gibt es sie also immer noch, diese Formen von Kirche, denen niemand mehr etwas zutraut(e). Womöglich radikal transformiert und minimiert, und dennoch wundert man sich, dass manche Formen hier und doch langlebiger sind als gedacht bzw. hin und wieder als unerwartet lebendig aufblitzen. Das gesamte Feld bleibt also unübersichtlich, die Zukunft schlecht prognostizierbar und doch wäre es unverantwortlich, nicht die ein oder andere Schneise zu schlagen bzw. das ein oder andere Experiment zu wagen. Daher bleibt eine Offenheit für die eigene, pastorale Kontingenzerfahrung dringlich: dass alles noch anders kommen könnte als gedacht.

Dies führt zu einen weiteren Gedanken. Hinter vielen pastoralen Perspektiven der letzten Jahre steht das Paradigma des ‚Anders': Kirche anders, an anderen Orten oder eine Pastoral der ‚Andersorte'. Dieses ‚Anders' lässt sich leicht dem Optimierungsparadigma zuordnen. Anders ist besser und daher wirksamer. Wir gehen an andere Orte, verändern unsere Praxis, werden als Kirche anders und so ‚funktioniert' es. Am Ende des Bandes möchte ich allerdings, ähnlich wie am Beginn, den Zweifel auch an dieser derzeit noch sehr populären Perspektive biographisch begründen. Es ist zunächst keine Frage, dass vieles anders gesehen, gemacht und verstanden werden sollte. Dies ist der Sinn von Kirchenentwicklung und Wissenschaft. Das hatte mich auch seinerzeit zu meinem Dissertationsthema „Das andere Volk Gottes" gebracht.[4] Mit den sich okkasionell engagierenden bzw. eine Dienstleistung abfragenden Kasualienchrist:innen muss man ganz anders umgehen, weil sie anders sind, war damals eine

Quintessenz. Sicherlich stimmt das bis heute. Zugleich sehe ich nicht zuletzt aufgrund der letzten Jahre des Lebens und Arbeitens in den Niederlanden sowie im Zuge einer intensiven Beschäftigung mit internationalen empirischen Ansätzen aus der Religionssoziologie, dass dies nicht die ganze Wahrheit ist. Es geht nicht mehr nur um ‚anders', sondern zunehmend auch um ein ‚gar nicht mehr'. Greifbarer wird das ‚Nichts', die ‚Leere', ja, wenn man so will, ein Wechsel des leitenden Denkens von anderen Orten und Weisen der Pastoral hin zu Leerorten und -praktiken. Der oben bereits erwähnte Karsamstag kann hier als passende Metapher dienen.

Es kann eine Versuchung sein, dies entweder nicht sehen zu wollen bzw. zu können und sich in einer kirchlichen oder theologischen Blase zu abzukapseln. Gerade die finanziell immer noch reich aufgestellte deutsche Kirchenlandschaft bietet viele Schlupflöcher und zudem unzählige Optionen, sowohl ein ‚Weiter so' als auch ein ‚Anders' finanzieren zu können.

Eine Versuchung könnte es sein, diesen Schritt des Nicht-Mehr zu überspringen. Denn er ist tatsächlich eine Zumutung. Niemand blickt gerne in eine Leere. Niemand weiß gerne nicht weiter. Niemand gesteht sich umstandslos ein, auf ein falsches Pferd gesetzt zu haben. Dennoch ist es meine echte Überzeugung: Erst wenn der Abschied von alten Bildern wirklich vollzogen wird und ihre Dysfunktionalität eingestanden und akzeptiert ist, wird Neues wachsen. Wie dies dann geschieht, ob wie von selbst (vgl. Mk 4,26–29) oder durch wen oder was auch immer mit ermöglicht, ist eine andere Frage. Konzepte, Strategien oder alles andere, bei dem viele wohlwollend Verantwortung für die Zukunft des Glaubens übernehmen, fallen sicher nicht aus, stehen allerdings zunächst nicht im Vordergrund. Hier steht als erster Schritt eine Relativierung der Reichweitenfantasien des Optimierungsdenkens. Letztlich aber das Vertrauen, dass Gott eine Zukunft schenkt, die wir mitgestalten, aber nicht allein selbst machen werden oder müssen.

Ob nun die beschriebenen Transformationen irgendwann eine Umkehr im Sinne einer ‚Wiederkehr der Religion‘ kennen werden, muss hier offengelassen werden. Niemand kennt die Zukunft, und zweifelsohne haben sich Christentum und Kirchen innerhalb der Geschichte durch manche Krisen erfolgreich hindurchgehangelt. Inwieweit allerdings der Glaube an Gott jemals so großflächig für die Mehrheit der Menschen gleichgültig war, wäre ein interessantes Thema für einen Austausch mit historischen bzw. kulturhistorisch arbeitenden Wissenschaften. Wie es also wird, weiß niemand. Auch dieses Buch fährt somit ‚auf Sicht‘, nimmt allerdings ernst, dass empirische Studien zumindest kurz- bis mittelfristig sowie international nicht von einer ‚Wiederkehr der Religion‘ in dem Sinne ausgehen, wie sie der christliche Glaube bzw. der Monotheismus versteht. Gott wird schleichend für die Lebensführung von immer mehr Menschen unwichtiger, diesem Problem gilt es sich heute ohne Vertröstung auf ungekannte andere Zeiten zu stellen.

Ein kurzer Ausblick auf die deutsche Kirchenlandschaft: Was wohl Elisabeth Kübler-Ross sagen würde?

Am Anfang des Bandes war bereits kurz die – sicherlich nicht unumstrittene – Theorie der Trauerphasen von Elisabeth Kübler-Ross erwähnt worden. Wenn man dies bewusst etwas dilettantisch – weiterdenkt, könnte man zu der Schlussfolgerung kommen, dass man, fast nach Jahrzehnten der Verdrängung, sich gerade in Deutschland in der zweiten

Phase des Abschieds („Verhandeln") von einer gesellschaftsbreiten Bedeutung des Christentums befindet. In der Pressekonferenz auf halber Strecke des Synodalen Weges erläuterte man genau dies. Man wolle herausfinden, wo noch etwa Stellschrauben zu finden seien, um die Entkirchlichung (Säkularisierung wird also vornehmlich durch die Kirchen- und Optimierungsbrille betrachtet) abzufedern. Das wäre nach Kübler-Ross präzise jene Phase des Verhandelns. Während der Pressekonferenz zum Abschluss des Synodalen Wegs klang dies allerdings weitaus begrenzter: Die Austrittswelle derjenigen, die nie einen wirklichen Kontakt zur Kirche bekommen hätten, sei sicher nicht zu stoppen. Allerdings für diejenigen, die noch da sind, seien die Themen des Reformvorhabens durchaus entscheidend (und sicherlich auch für die Betroffenen des sexuellen Missbrauchs!). Wird man, wenn man merkt, dass man die Säkularisierung durch was auch immer nicht wird stoppen können, bald in die Depression verfallen? Eine andere Möglichkeit wäre das Changieren zwischen den Phasen, und sicherlich sind nicht immer alle auf dem gleichen Stand.

Aus niederländischer Sicht erscheinen solche Feststellungen wie jene von Bischof Bätzing – gerade in den Ohren derjenigen, die die Reformvorhaben aus den 1960er und 1970er Jahren erlebt haben – wie Töne aus vergangenen Zeiten. Es hilft alles nichts, so sagen etwa ältere theologische Kolleg:innen in den Niederlanden, man wird sich auch in Deutschland den Realitäten eines radikalen Desinteresses an Glaubensthemen mit allen Konsequenzen und vor allem konstruktiv stellen müssen. Das wäre nach Kübler-Ross Phase 5: Leben mit und nach dem Verlust.

Weiter geht es, so wollte dieses Buch zeigen, trotz allem Verlust hingegen dort, wo ein Gott erfahren und von ihm erzählt wird, der befreit, rettet, dem Leben etwas hinzufügt, was dieses aus sich selbst nicht hat oder haben kann. Dass das auch in Zukunft möglich ist, dafür braucht es eine Kirche: damit diese Botschaft vom Heilwerden der Welt auf vielerlei Weise weitererzählt werden kann, damit individuelle Glaubenserfahrungen nicht zum singulären Ego-Trip werden, sondern mit dem Gesamt der Großerzählung vermittelt werden können. Aber es braucht nicht allein die Kirche als Erzählgemeinschaft, sondern auch den Geist, der nicht selten unabhängig von all dem wirkt. Vielleicht wäre eine echte Selbstrelativierung der Kirche in dem Sinne, wie sie das Zweite Vatikanum bereits vorgedacht hat, ein (geistliches) Gebot der Stunde.

Hier ist bleibend an Karl Rahner zu erinnern. Er hatte das vorbereitete Schema für die Kirchenkonstitution *Lumen gentium* auf einschneidende Weise verändert. Hieß es im ursprünglichen Text noch ganz auf der Linie des 19. Jahrhunderts, dass das Licht der Völker die katholische Kirche sei, streicht er mit seinem Bleistift zwei Worte: „Ecclesia Catholica" – und schreibt darüber: „Christus".

Dank

Dank geht an Frau Prof.'in Dr. rer. nat. Annette Schmidt-Budecke, Münster, sowie Frau Dr. Regina Börschel, Bonn. Beide haben aufgrund ihrer unterschiedlichen Perspektive und Expertise wesentlich zur Rundung des Projektes beigetragen. Gleiches gilt für Clemens Carl und den Verlag Herder, die durch ihre kontinuierliche Nachfrage die persönliche Motivation zum Weiterschreiben erhalten haben.

Darüber hinaus gilt mein Dank Kaplan Dr. Christian Jasper, Bonn, und Dr. Tim Schlotmann, Köln, die beide, mittlerweile selbst pastorale Experten, äußerst hilfreiches *feedback* zu den Gedanken ihres ehemaligen Kaplans gegeben haben.

Ebenso waren religiös indifferente Freund:innen wertvolle innere Sparringspartner:innen während des Schreibens. Auch ihnen gilt dafür ein herzliches Dankeschön, wenn sie auch Thema und Problem dieses Buches vermutlich nicht ganz verstehen werden.

Herzlicher Dank geht schließlich an die Theologiestudierenden bzw. Promovierenden unserer Fakultät. Am meisten durfte ich in den vergangenen Jahren von ihnen lernen. Sie verkörpern für mich gerade in ihrer Diversität und in ihrem Interesse an theologischen Fragen einen echten Zukunftsort.

Anmerkungen

Vorwort: religiöse Indifferenzen als Hintergrund einer fundamentalen Transformation

1 Auf eine vertiefte Diskussion der Begriffe konfessionslos, religionslos, religionsfrei oder areligiös wird an dieser Stelle verzichtet. Stattdessen soll hier wie auch im Folgenden die aktuelle konfessionsübergreifende und für Deutschland repräsentative Phänomenologie von Religionstypen der VI. Kirchenmitgliedschaftsuntersuchung von 2022/23 grundgelegt werden (vgl. Wie hältst Du's mit der Kirche? Zur Bedeutung der Kirche in der Gesellschaft. Erste Ergebnisse der 6. Kirchenmitgliedschaftsuntersuchung, hg. von der Evangelischen Kirche in Deutschland [EKD], Leipzig 2023, bes. 15–39). In diesem Sinne meint „säkular" multiple Phänomene, die allerdings in ihrer lebensweltlichen Irrelevanz gegenüber religiösen Fragen und Antworten weitgehend konvergieren. Die KMU VI unterscheidet „Säkular Geschlossene" 36 %, „Indifferente" 14 % (beide mit den tiefsten Religiositätswerten, was kirchliche wie außerkirchliche Religiosität betrifft) und „Säkulär Offene" 6 %; hinzu kommen im distanzierten Milieu die erwähnten „Distanziert Säkularen" mit 9 %. Eine aktuelle Schweizer Studie, an deren Typologie die KMU VI anschließt, versieht schließlich alle distanzierten bzw. säkularen Typen mit einer deutlichen Drift, insbesondere intergenerationell, zu geringerer kirchlicher wie außerkirchlicher Religiosität hin. Vgl. J. Stolz et al., Religionstrends in der Schweiz. Religion, Spiritualität und Säkularität im gesellschaftlichen Wandel, Wiesbaden 2022. Zu weiteren Differenzierungen vgl. Wie hältst Du's mit der Kirche?

Für eine auch pastoraltheologisch geeignete Herleitung der gängigen Begriffe vgl. U. Kropač/M. Schambeck (Hg.), Konfessionslosigkeit als Normalfall. Religions- und Ethikunterricht in säkularen Kontexten, Freiburg i. Br. 2022, bes. 11–26. Vgl. hierzu auch die etwas ältere Typologie: G. Pickel/Y. Jaeckel, Konfessionslose in Deutschland – empirische Befunde in der Gegenwart, in: M. Pöhlmann (Hg.), Abschied von der Religion? Säkularisierung – Konfessionslosigkeit – neuer Atheismus (EZW-Texte 257), Berlin 2018, 7–26. Vgl. in theoretischer Reflexion: M. Wohlrab-Sahr/T. Kaden, Struktur und Identität des Nicht-Religiösen, Relationen und soziale Normierungen, in: KZfSS 65 (2013) 183–209. Insgesamt eine wichtige Quelle ist darüber hinaus für den gegenwärtigen übernationalen Status von Religiosität und Säkularität: D. Pollack/G. Rosta, Religion in der Moderne. Ein internationaler Vergleich, Frankfurt a. M. 2015, [2]2022. Viele Analysen und Schlussfolgerungen dieses Buches basieren auf dieser mittlerweile zum religionssoziologischen Standardwerk avancierten Studie.

[2] Vgl. Th. Brechenmacher, Im Sog der Säkularisierung. Die deutschen Kirchen in Politik und Gesellschaft (1945–1990), Berlin 2021.

[3] Vgl. u. a. PEW Research Center, The Age Gap in Religion Around the World (https://www.pewresearch.org/religion//06/13/the-age-gap-in-religion-around-the-world [18.09.2023]); R. F. Inglehart, Giving Up on God. The Global Decline of Religion, in: ForAff 99 (2020) 110–118; J. Kasselstrand et al., Beyond Doubt. The Secularization of Society, New York 2023; D. Voas/M. Chaves, Is the United States a counterexample to the secularization thesis?, in: American Journal of Sociology 121 (2016) 1517–1556; J. Stolz et al., (Un)Believing in modern society: Religion, spirituality, and religious-secular competition, London 2016; Pollack/Rosta, Religion in der Moderne (wie Vorwort Anm. 1).

[4] Vgl. J. Loffeld, Der nicht notwendige Gott. Die Erlösungsdimension als Krise und Kairos des Christentums inmitten seines säkularen Relevanzverlustes, Würzburg 2020.

[5] Vgl. Th. Halík, Der Nachmittag des Christentums. Eine Zeitansage, Freiburg i. Br. 2022.

[6] Vgl. M. Striet, Theologie im Zeichen der Corona-Pandemie, Ostfildern 2021.

[7] Vgl. Th. Großbölting, Der verlorene Himmel. Glaube in Deutschland seit 1945, Göttingen 2013.

Eine Navigation durch den Band

[1] Vgl. dazu als gewiss nicht umfängliche Literaturübersicht zum Themenfeld: H. M. Barth, Konfessionslos glücklich. Auf dem Weg zu einem religionstranszendenten Christsein, Gütersloh 2013; M. Domsgen/D. Evers, Herausforderung Konfessionslosigkeit. Theologie im säkularen Kontext, Leipzig 2014; A. Fincke, Mit Gott fertig? Konfessionslosigkeit, Atheismus und säkularer Humanismus in Deutschland, Aschaffenburg 2017; H. H. Pompe/D. Hörsch (Hg.), Indifferent? Ich bin normal. Indifferenz als Irritation für kirchliches Denken und Handeln, Leipzig 2017; U. F. Schmälzle, Was fehlt den Konfessionslosen?

Ergebnisse zu einer Repräsentativbefragung im Osten Berlins, in: HerKorr 70 (2016) 1, 32–35; K. Thörner/M. Thurner (Hg.), Religion, Konfessionslosigkeit und Atheismus, Freiburg i. Br. 2016; E. Tiefensee, Anerkennung der Alterität. Ökumene mit den Religionslosen, in: HerKorr spezial 1 (2010) 39–43; ders., Der homo areligiosus und die Entkonfessionalisierung in der ehemaligen DDR, in: M. Hahn (Hg.), Bildung als Mission? Kirchliche Bildungsarbeit im Kontext einer konfessionslosen Gesellschaft, Jena 2014, 15–30; ders., Die Frage nach dem „homo areligiosus" als interdisziplinäre Herausforderung, in: B. Kranemann/J. Pilvousek/M. Wijlens (Hg.), Mission – Konzepte und Praxis der katholischen Kirche in Geschichte und Gegenwart (EThS 38), Würzburg 2009, 155–185.

[2] K. Rahner (Hg.), Ist Gott noch gefragt? Zur Funktionslosigkeit des Christentums. Zum Beitrag der Christen für die Erhaltung der Freiheit, Düsseldorf 1973 (in: Schriften der Katholischen Akademie Bayern). Vgl. auch Gesellschaft ohne Christentum, Düsseldorf 1974 (in: Schriften der Katholischen Akademie Bayern). Ebenso bezeugt Johann Baptist Metz mit seinem bis heute unübertroffenen Grundsatztext „Unsere Hoffnung" der Würzburger Synode die Tatsache, dass vergleichbare Ansätze damals schon sichtbar waren, wenn vielleicht auch noch nicht so dominant wie heute. Vgl. hier insbesondere die Einleitung und den Schlussteil, zuletzt in: J. B. Metz, Ein Bekenntnis zum Glauben in dieser Zeit. Vorlesungen zum Würzburger Synodendokument „Unsere Hoffnung" (bearbeitet und herausgegeben von J. Reikerstorfer), Freiburg i. Br. 2022, 23–55. Siehe hierzu auch unten den Abschnitt „In anderer Reihenfolge: Rechenschaft geben von der Hoffnung, die uns erfüllt" (Teil C)

A Szenen und Analysen der Transformation

[1] Vgl. M. J. McCallion, Individualism And Community As Contested Rhetorics in Catholic New Evangelization Movement, in: Rev Relig Res 54 (2012) 291–310. Vgl. dazu auch die Freiburger Rede von Papst Benedikt XVI. https://www.vatican.va/content/benedict-xvi/de/speeches/2011/september/documents/hf_ben-xvi_spe_20110925_catholics-freiburg.html (23.09.2023)

[2] Vgl. Th. Ruster, Wozu noch Theologie?, in: ThGl 112 (2022) 186–206.

[3] Vgl. H. Joas, Warum Kirche? Selbstoptimierung oder Glaubensgemeinschaft, Freiburg i. Br. 2022, bes. 27–52. Ebenso: Ders., Im

Bannkreis der Freiheit. Religionstheorie nach Hegel und Nietzsche, Berlin 2020, 578–606.

[4] Vgl. dazu wie zu den religionssoziologischen Paradigmen generell: G. Pickel, Religionssoziologie. Einführung in zentrale Themenbereiche, Wiesbaden 2011.

[5] Vgl. näherhin die Definition bei Pickel, Religionssoziologie (wie Teil A Anm. 4).

[6] Vgl. S. Hellemans, De grote transformatie van religie en van de katholieke kerk, Tilburg 2019.

[7] Vgl. M. Wohlrab-Sahr, Forcierte Säkularität und Postkonfessionalität. Das Postsäkulare ist das Postkonfessionelle, in: M. Rose/M. Wermke (Hg.), Religiöse Rede in postsäkularen Gesellschaften, Leipzig 2016, 37–54.

[8] R. F. Inglehart, Giving Up on God. The Global Decline of Religion (wie Vorwort Anm. 3).

[9] Ch. Taylor, A Secular Age, Cambridge, Mass./London 2007.

[10] H. Joas, Glaube als Option. Zukunftsmöglichkeiten des Christentums, Freiburg i. Br. ^{2}2013.

[11] Das Thema religiöse Erfahrung findet derzeit wieder neue Aufmerksamkeit. Vgl. M. Lerch/Ch. Stoll (Hg.), Religiöse Erfahrung. Bestandsaufnahmen und Perspektiven zu einer strittigen Kategorie (QD 333), Freiburg i. Br. 2023.

[12] Vgl. K. Beshears, Apatheism. How we share when they don't care? Nashwille, Tenn. 2021. Vgl. als Definitionsversuch: https://www.learnreligions.com/definition-of-apatheist-247851 (18.09.2023).

[13] T. Halík, Mit der Hypothese Gott – oder ohne sie, in: ders./A. Grün/W. Nonhoff (Hg.), Gott los werden? Wenn Glaube und Unglaube sich umarmen, Münsterschwarzach 2016, 57–83, 57–60.

[14] Vgl. etwa *Gaudium et spes* 19–22 sowie Katechismus der Katholischen Kirche Art. 26–35.

[15] A. Rouet, Erstaunter Glaube. Dank an die religiös Uninteressierten, Ostfildern 2022, 69f.

[16] Vgl. Wie hältst Du's mit der Kirche? (wie Vorwort Anm. 1), 19–21.

[17] Vgl. Wie hältst Du's mit der Kirche? (wie Vorwort Anm. 1), 36f.

[18] H. Streib/B. Keller, Was bedeutet Spiritualität? Befunde, Analysen und Fallstudien aus Deutschland, Göttingen 2015. Vgl. hierzu aktuell auch: Wie hältst Du's mit der Kirche? (wie Vorwort Anm. 1), 23–25.

[19] Vgl. Wohlrab-Sahr, Forcierte Säkularität und Postsäkularität (wie Teil A Anm. 7).

[20] Vgl. H. Joas, Braucht der Mensch Religion? Über Erfahrungen der Selbsttranszendenz, Freiburg i. Br. 2004; ders., Die Macht des Heiligen (wie Teil A Anm. 3), 253f.

[21] Vgl. für eine Phänomenologie aus Großbritannien: https://www.faraday.cam.ac.uk/wp-content/uploads/2022/11/FINAL_The-Nones-report-24.10.22.pdf (12.10.2023). Für die USA: J. E. White, The Rise of the Nones. Understanding and Reaching the Religiously Unaffiliated, Grand Rapids 2014; R. P. Burge, The Nones. Where They Came from, Who They Are, Where They Are Going, Minneapolis, Minn. 2021. Diese Phänomenologien sind interessant wahrzunehmen, wenngleich sie wegen der verspäteten Säkularisierungsprozesse in den USA nicht ganz mit denen auf dem europäischen Kontinent zu vergleichen sind. Für die hier hergeleitete Typologie sind die Daten der KMU VI (wie Vorwort Anm. 1) und aus den Niederlanden bzw. im Ländervergleich (vgl. PEW Research Center, The Age Gap in Religion Around the World [wie Vorwort Anm. 3]; sowie: Pollack/Rosta, Religion in der Moderne [wie Vorwort Anm. 1]) entscheidend.

[22] Vgl. D. Pollack, Über unsichtbare Religion und sichtbare Spiritualität, in: HK spezial 1 (2022) 11–13. Sowie: J. Stolz et al., Religionstrends (wie Vorwort Anm. 1).

[23] Vgl. Pollack/Rosta, Religion in der Moderne (wie Vorwort Anm. 1).

[24] Vgl. PEW Research Center, The Age Gap in Religion Around the World (wie Vorwort Anm. 3).

[25] Vgl. KMU VI, worauf im Vorwort bereits verwiesen wurde (wie Vorwort Anm. 1).

[26] V. Schönian, Halleluja. Wie ich versuchte die Katholische Kirche zu verstehen, München 2018, 327.

[27] Vgl. die neueste Studie aus den Niederlanden, die untersucht, inwieweit Religion, Spiritualität oder gar Sinnsuche für Menschen außerhalb verfasster Religionsgemeinschaften eine Rolle spielt. Das Ergebnis: Keine messbare. Die Säkularisierung setzt sich unverdrossen fort. Optimistische Annahmen bzw. Prognosen von vor etwa 10 Jahren haben sich als nicht haltbar erwiesen: Vgl. https://www.scp.nl/publicaties/publicaties/2022/03/24/buiten-kerk-en-moskee (18.09.2023). Hier auch mit englischem Summary am Schluss.

[28] Vgl. T. Schnell, Psychologie des Lebenssinns, Berlin 2020.

[29] G. Rosta/D. Pollack, Religion in der Moderne, 466 (wie Vorwort Anm. 1).

[30] Beide Zitate: ebd., 466f.

[31] Vgl. D. Pollack, Über unsichtbare Religion und sichtbare Spiritualität (wie Teil A Anm. 22). Vgl. schon früher mit vergleichbaren Prognosen: Ders., Deinstitutionalisierung des Religiösen und Religiöse Individualisierung in Ost- und Westdeutschland, in: Kölner Zeitschrift für Soziologie und Sozialpsychologie 55 (2003) 447–474.

[32] In den Niederlanden spricht man daher seit den 1990ern für diese Form von „Ietsisme“, hergeleitet von dem Wort „iets“ für „Etwas“. Es meint, dass man an irgendetwas glaubt, dass irgendwas sein müsse zwischen Himmel und Erde. Man legt sich allerdings nicht fest, was oder wer das sein könnte. Vgl. https://www.volkskrant.nl/nieuws-achtergrond/tepelklem-dioxinekip-ietsisme~bf7c317e/?referrer=https://de.wikipedia.org/ (25.04.2022).

[33] Pollack, Über unsichtbare Religion und sichtbare Spiritualität (wie Teil A Anm. 22), 13.

[34] Vgl. dazu auch: K. Funkenschmidt, Je nach Religion ändert sich der Götterhimmel und die Requisiten und so. Wie viel Esoterik verträgt die Kirche?, in: EZW-Texte 244 (2016), 9–43.

[35] Pollack, Über unsichtbare Religion und sichtbare Spiritualität (wie Teil A Anm. 22), 13.

[36] Vgl. D. Voas, The Rise and Fall of Fuzzy Fidelity in Europe, in: European Sociological Review 25 (2009) 155–168. Sowie: Streib/Keller, Was bedeutet Spiritualität? (wie Teil A Anm. 18). Aktuell vergleichbar: K. Fechtner, Mild religiös. Erkundungen spätmoderner Frömmigkeit, Stuttgart 2023.

[37] Vgl. Voas, The Rise and Fall (wie Teil A Anm. 36).

[38] Vgl. Stolz et al., Religionstrends in der Schweiz (wie Vorwort Anm. 1).

[39] https://www.faz.net/aktuell/politik/inland/christen-vielleicht-keine-mehrheit-mehr-abkehr-der-kulturtradition-17695452.html (18.09.2023).

B Pastoraltheologische Beobachtungen inmitten des Relevanzverlustes

[1] J. Först/J. Kügler (Hg.), Die unbekannte Mehrheit. Eine empirische Untersuchung zu Kasualienfrömmigkeit von KatholikInnen – Bericht und interdisziplinäre Auswertung, Münster 2006.

[2] Vgl. Wie hältst Du's mit der Kirche? (wie Vorwort Anm. 1).

[3] Vgl. Wie hältst Du's mit der Kirche? (wie Vorwort Anm. 1) und die Artikel im Reflexionsband, der 2024 erscheint.

[4] Vgl. Wie hältst Du's mit der Kirche? (wie Vorwort Anm. 1), 65.

[5] Vgl. H. Bude, Soziologie der Generationen, in: G. Kneer/M. Schroer (Hg.), Handbuch Spezielle Soziologien, Wiesbaden 2010, 421–436.

[6] Vgl. ders., Deutsche Karrieren. Lebenskonstruktionen sozialer Aufsteiger der Flakhelfer-Generation, Frankfurt a. M. 1987.

[7] M. Ripps, Wir Babyboomer. Die wahre Geschichte unseres Lebens, Freiburg i. Br. [2]2008; P. Perrig-Chiello et. al., Die Babyboomer. Eine Generation revolutioniert das Alter, Basel 2009.

[8] Vgl. auch die Beschreibung auf dem Cover von Ripps, Wir Babyboomer (wie Teil B Anm. 7): „Wir waren immer zu viele".

[9] Diesen Gedanken verdanke ich Beobachtungen aus meiner römischen Studienzeit. Ein Beispiel: Wenn in Lehrveranstaltungen dort die Rede auf das Zweite Vatikanum kam, ließ sich der Eindruck gewinnen, dass man über ein völlig anderes Ereignis sprach als in deutschen Reflexionen über das Konzil. Letztere verbanden mit dem Zweiten Vatikanum den Gedanken der Emanzipation und nachholenden Modernisierung, erstere sahen vor allem die Kontinuität der Lehrtradition und lasen das Konzil insbesondere durch diese Brille.

[10] Vgl. P. Bourdieu, Religion. Schriften zur Kultursoziologie 5, hg. v. F. Schultheis/St. Egger. Aus dem Franz. v. A. Pfeuffer/B. Beister/B. Schwipps, Konstanz 2009.

[11] Vgl. zum Folgenden auch: J. Loffeld, Never Change a Running System. Die RKW-Studie 2019 – pastoraltheologische Sondierungen, in: K. Karl/A. Büssing (Hg.), Quo vadis Religiöse Kinderwoche? Tradition im Wandel. Evaluierung der RKW 2019, Würzburg 2022, 60–81.

[12] Vgl. ebd.

[13] A. Reckwitz, Das Ende der Illusionen. Politik, Ökonomie und Kultur in der Spätmoderne, Berlin 2019, 94.

[14] Ebd., 98f.

[15] Vgl. Wie hältst Du's mit der Kirche? (wie Vorwort Anm. 1), 73.

[16] Vgl. F. Bösch/T. Jähnchen et al. (Hg.), Soziale Strukturen und Semantiken des Religiösen im Wandel. Transformationen in der Bundesrepublik Deutschland 1949–1989. Klartext, Essen 2011.

[17] Vgl. Halík, Der Nachmittag des Christentums (wie Vorwort Anm. 5), 82f.

[18] Vgl. P. Wehrle, Communio. Anspruch und Wirklichkeit, in: LS 42 (1991) 57–63, 57.

[19] Vgl. A. Bührmann/W. Schneider, Vom Diskurs zum Dispositiv. Eine Einführung in die Dispositivanalyse, Bielefeld 2008.

[20] Vgl. A. Nassehi, Unbehagen. Theorie der überforderten Gesellschaft, München 2021.

[21] Vgl. weiterführend dazu die Reflexionen in: B. Szymanowski, Die Pfarrei als Dienstleistungsorganisation. Ein Beitrag zur praktisch-theologischen Präzisierung kirchlicher Sendung, Würzburg 2023.

[22] Vgl. Brechenmacher, Im Sog der Säkularisierung (wie Vorwort Anm. 2)., 75f.

[23] Vgl. etwa für das klassisch katholische Österreich den Austrian Corona Panel (https://viecer.univie.ac.at/coronapanel/; 23.09.2023) sowie eine Einordnung von Regina Polak: https://www.bz-bx.net/fileadmin/Jahres thema/2023-2025_Hoeren/23-09-22_Polak_Zeitenwende.pdf (15.10.2023).

[24] Ebd., 113f.

[25] Vgl. zum Begriff des Megatrends: M. Horx, Das Megatrend Prinzip. Wie die Welt von morgen entsteht, München 2014, bes. 61–77. Ein Megatrend ist demnach dadurch definiert, dass er sich seit Jahrzehnten mit geringen Steigerungen, aber langfristig dominant durchsetzt. Gerade zeitweilige Widerlegungen und Gegentrends zeichnen einen wirklichen Megatrend aus. In diesem Sinne ist die Säkularisierung ein Megatrend, dessen Dominanz auch nicht durch individualisierungstheoretische Annahmen bzw. Entgegnungen zu stoppen ist.

C Theologische Tiefenbohrungen: „Nur mal eben kurz die Welt retten"

[1] J. B. Metz, Ein Bekenntnis zum Glauben in dieser Zeit. Vorlesungen zum Würzburger Synodendokument „Unsere Hoffnung", 2 Bde., Freiburg i. Br. 2022.

[2] Vgl. Metz, Ein Bekenntnis zum Glauben in dieser Zeit (wie Navigation Anm. 2), 23.

[3] An dieser Stelle möchte ich Thomas Pröpper danken, mit dem ich noch kurz vor seinem Tod diese Zusammenhänge diskutieren durfte.

[4] Vgl. etwa A. Röcke, Soziologie der Selbstoptimierung, Berlin 2021; sowie: L. Fiedel, Nichts anderes als Selbstoptimierung? Eine subjektivierungsanalystische Ethnographie psychotherapeutischer Praxis, Bielefeld 2023.

[5] Vgl. H. Joas, Kirche als Moralagentur? München 2016.

[6] Vgl. B.-C. Han, Transparenzgesellschaft, Berlin ^{5}2015; ders., Müdigkeitsgesellschaft, Burnoutgesellschaft, Hoch-Zeit, Berlin 2016.

[7] Vgl. dazu von systematisch-theologischer Seite: M. Lerch, Wenn

ohne Gott nichts fehlt. Religiöse Indifferenz als Herausforderung systematischer Theologie, in: IkaZ Communio 50 (2021) 4–21.

[8] Ch. Markschies, Von der Mitte des 2. bis zum Ende des 3. Jahrhunderts, in: B. Möller (Hg.), Ökumenische Kirchengeschichte, Bd. 1: Von den Anfägen bis zum Mittelalter, Darmstadt 2006, 59–98, 60.

D „Was mach ich mit mir, wenn die Welt nicht so ist, wie ich sie gerne hätte?" (Ruth Cohn) Perspektiven eines Christentums in der Transformation

[1] H. Rosa, Resonanz. Eine Soziologie der Weltbeziehung, Berlin 2016.

[2] Ders., Unverfügbarkeit, Wien/Salzburg 2019, 67f.

[3] Vgl. K. Rahner, Würde mir Gott fehlen? Ostfildern 2022, 51f.

[4] Vgl. Rouet, Erstaunter Glaube. Dank an die Religiös Uninteressierten (wie Teil A Anm. 15), 14.

[5] Vgl. H. Welzer, Nachruf auf mich selbst. Die Kultur des Aufhörens, Frankfurt a. M. [6]2021, 207–261.

[6] Vgl. F. Jullien, Ressourcen des Christentums. Zugänglich auch ohne Glaubensbekenntnis, Gütersloh 2019.

[7] Vgl. A. Rödder, Wer hat Angst vor Deutschland? Geschichte eines europäischen Problems, Frankfurt a. M. 2018.

[8] Vgl. Großbölting, Der verlorene Himmel (wie Vorwort Anm. 7).

[9] Vgl. etwa *Gaudium et spes* 19–22.

[10] Diese Begriffe hier alle einzeln herzleiten bzw. zu diskutieren würde zu weit führen. Weitere Überlegungen dazu finden sich in: J. Loffeld, Die (Praktische) Theologie angesichts des „homo indifferens". Notwendigkeiten und Potentiale einer kenotischen Grundhaltung, die bei der Praxis des Gottesvolkes ansetzt, in: A. Slunitschek/Th. Bremer (Hg.), Der Glaubenssinn der Gläubigen als Ort theologischer Erkenntnis (QD 304), Freiburg i. Br. 2020, 216–240.

[11] E. Schillebeeckx, Menschen. Die Geschichte von Gott, Freiburg i. Br. 1990, 99.

[12] Vgl. U. Stäheli, Soziologie der Entnetzung, Berlin 2021.

[13] Eine andere Haltung wäre gerade in der Versuchung einer Verzweckung hoch missbrauchsanfällig: Vgl. dazu D. Wagner, Spiritueller Missbrauch in der katholischen Kirche, Freiburg i. Br. 2019.

[14] Vgl. R. Kearney, God After God: An Anatheist Attempt to Reimagine God, in: ders./J. Zimmermann (Hg.), Reimagining the Sacred. Richard Kearney Debates God, New York 2016, 6–18.

[15] Vgl. Kerknet Wageningen, YouChooze: https://www.kerknetwageningen.nl/you chooze/ (18.09.2023).
[16] Vgl. I. Baumgartner, Heilende Seelsorge, in: ders./W. Fürst (Hg.), Leben retten, München 1990, 89–124, 122.
[17] Vgl. J. Stolz, Religionstrends in der Schweiz (wie Vorwort Anm. 1).
[18] Vgl. https://worldhappiness.report/ed/2023/ (18.09.2023).
[19] T. Halík, Wege einer neuen Evangelisierung?, in: K. Ruhstorfer (Hg.), Das Ewige im Fluss der Zeiten? Der Gott, den wir brauchen (QD 280), Freiburg i. Br. 2016, 217–223, 219f.
[20] J. de Kesel, Geloof en godsdienst in een gesucalariseerde samenleving, Antwerpen 2021.
[21] Vgl. Wie hältst Du's mit der Kirche? (wie Vorwort Anm. 1).
[22] A. Angenendt, Lasst beides wachsen bis zur Ernte. Toleranz in der Geschichte des Christentums, Münster 2018.
[23] Th. Bauer, Kultur der Ambiguität. Eine andere Geschichte des Islams, Frankfurt a. M. 2011; ders., Die Vereindeutigung der Welt. Über den Verlust an Mehrdeutigkeit und Vielfalt, Leipzig/Ditzingen 2018.
[24] D. Emeis, Zwischen Ausverkauf und Rigorismus. Zur Krise der Sakramentenpastoral, Freiburg i. Br. 1991.
[25] Vgl. dazu die Unterscheidung von Information und Narration sowie die Krise der Narration aufgrund deren kapitalistischer bzw. neoliberaler Überformung: Vgl. B. C. Han, Die Krise der Narration, Berlin 2023.
[26] F. Breithaupt, Das narrative Gehirn, Berlin 2022.
[27] Ebd.
[28] Vgl. ebd., 32.
[29] Vgl. das schon erwähnte Papier „In der Seelsorge schlägt das Herz der Kirche“ sowie früher bereits zur Notfallseelsorge: Die Deutschen Bischöfe – Pastoralkommission, „Komm zu uns, zögere nicht“ (Apg 9,38). Notfallseelsorge: Seelsorge angesichts des plötzlichen Todes, hg. vom Sekretariat der Deutschen Bischofskonferenz, Bonn 2018 (Die Deutschen Bischöfe – Pastoralkommission, 47).
[30] Die Literatur hierzu zeigt sich mittlerweile sowohl deutschsprachig als auch international als uferlos. Vgl. exemplarisch für den deutschen Sprachraum T. Roser, Spiritual Care. Der Beitrag von Seelsorge zum Gesundheitswesen, Stuttgart [2]2017 sowie Diak 52 (2021), 73–144.
[31] https://www.dbk.de/presse/videobeitraege (27.09.2022).
[32] Vgl. A. Liefbroer, Interfaith Spiritual Care, Hilversum 2020.

[33] Halík, Der Nachmittag des Christentums (wie Vorwort Anm. 5), 261f.; Vgl. auch ders., Geduld mit Gott, Freiburg i. Br. 2010, 98–120.

E Zu guter Letzt

[1] Vgl. dazu die Ergebnisse der KMU VI: Wie hältst Du's mit der Kirche? (wie Vorwort Anm. 1).
[2] Vgl. dazu die Reflexionen aus systemtheoretischer Sicht von Armin Nassehi. Exemplarisch: ders., Die letzte Stunde der Wahrheit, Hamburg 2017.
[3] Vgl. ebd.
[4] J. Loffeld, Das andere Volk Gottes. Eine Pluralitätsherausforderung für die Pastoral (EThSt 99), Würzburg 2011.